Kleist | Das Erdbeben in Chili

Reclam XL | Text und Kontext

Heinrich von Kleist
Das Erdbeben in Chili

Herausgegeben von Martin C. Wald

Reclam

Der Text dieser Ausgabe ist zeilengleich mit der Ausgabe der Universal-Bibliothek Nr. 8002 (die zweite Angabe der Doppelpaginierung bezieht sich auf die Paginierung der Universal-Bibliothek). Er wurde auf der Grundlage der gültigen amtlichen Rechtschreibregeln orthographisch behutsam modernisiert.

Zu Kleists *Das Erdbeben in Chili* gibt es bei Reclam
– einen *Lektüreschlüssel für Schülerinnen und Schüler* (Nr. 15322)
– *Erläuterungen und Dokumente* (Nr. 8175)
– eine Interpretation in *Kleists Erzählungen* in der Reihe »Interpretationen« (Nr. 17505)

E-Book-Ausgaben finden Sie auf unserer Website
unter www.reclam.de/e-book

Reclam XL | Text und Kontext | Nr. 19409
2019 Philipp Reclam jun. GmbH & Co. KG,
Siemensstraße 32, 71254 Ditzingen
Gestaltung: Cornelia Feyll, Friedrich Forssman
Druck und Bindung: Kösel GmbH & Co. KG,
Am Buchweg 1, 87452 Altusried-Krugzell
Printed in Germany 2019
RECLAM ist eine eingetragene Marke
der Philipp Reclam jun. GmbH & Co. KG, Stuttgart
ISBN 978-3-15-019409-6

Auch als E-Book erhältlich

www.reclam.de

> Die Reihe bietet neben dem Text Worterläuterungen in Form von Fußnoten und Sacherläuterungen in Form von Anmerkungen im Anhang, auf die am Rand mit Pfeilen (↗) verwiesen wird.

Das Erdbeben in Chili

In St. Jago, der Hauptstadt des Königreichs Chili, stand gerade in dem Augenblicke der großen Erderschütterung vom Jahre 1647, bei welcher viele tausend Menschen ihren Untergang fanden, ein junger, auf ein Verbrechen angeklagter Spanier, namens *Jeronimo Rugera*, an einem Pfeiler des Gefängnisses, in welches man ihn eingesperrt hatte, und wollte sich erhenken. *Don Henrico Asteron*, einer der reichsten Edelleute der Stadt, hatte ihn ungefähr ein Jahr zuvor aus seinem Hause, wo er als Lehrer angestellt war, entfernt, weil er sich mit *Donna Josephe*, seiner einzigen Tochter, in einem zärtlichen Einverständnis befunden hatte. Eine geheime Bestellung, die dem alten Don, nachdem er die Tochter nachdrücklich gewarnt hatte, durch die hämische Aufmerksamkeit seines stolzen Sohnes verraten worden war, entrüstete ihn dergestalt, dass er sie in dem Karmeliterkloster unsrer lieben Frauen vom Berge daselbst unterbrachte.

Durch einen glücklichen Zufall hatte Jeronimo hier die Verbindung von neuem anzuknüpfen gewusst, und in einer verschwiegenen Nacht den Klostergarten zum Schauplatze seines vollen Glückes gemacht. Es war am Fronleichnamsfeste, und die feierliche Prozession der Nonnen, welchen die Novizen folgten, nahm eben ihren Anfang, als die unglückliche Josephe, bei dem Anklange der Glocken, in Mutterwehen auf den Stufen der Kathedrale niedersank.

Dieser Vorfall machte außerordentliches Aufsehn; man brachte die junge Sünderin, ohne Rücksicht auf ihren Zustand, sogleich in ein Gefängnis, und kaum war sie aus den Wochen erstanden, als ihr schon, auf Befehl des Erzbischofs, der geschärfteste Prozess gemacht ward. Man sprach in der Stadt mit einer so großen Erbitterung von diesem Skandal, und die Zungen fielen so scharf über das ganze Kloster her, in welchem er sich zugetragen hatte, dass weder die Fürbitte der Familie Asteron, noch auch sogar

---

2 **St. Jago ... Chili:** Santiago de Chile | 8 **sich erhenken:** sich erhängen | 8 **Don:** (span.) »Herr« | 23 **Prozession:** kirchlicher Festumzug | 24 **Novizen:** Klosterschüler in der Probezeit | 26 **Kathedrale:** Bischofskirche

der Wunsch der Äbtissin selbst, welche das junge Mädchen wegen ihres sonst untadelhaften Betragens lieb gewonnen hatte, die Strenge, mit welcher das klösterliche Gesetz sie bedrohte, mildern konnte. Alles, was geschehen konnte, war, dass der Feuertod, zu dem sie verurteilt wurde, zur großen Entrüstung der Matronen und Jungfrauen von St. Jago, durch einen Machtspruch des Vizekönigs, in eine Enthauptung verwandelt ward.

Man vermietete in den Straßen, durch welche der Hinrichtungszug gehen sollte, die Fenster, man trug die Dächer der Häuser ab, und die frommen Töchter der Stadt luden ihre Freundinnen ein, um dem Schauspiele, das der göttlichen Rache gegeben wurde, an ihrer schwesterlichen Seite beizuwohnen.

Jeronimo, der inzwischen auch in ein Gefängnis gesetzt worden war, wollte die Besinnung verlieren, als er diese ungeheure Wendung der Dinge erfuhr. Vergebens sann er auf Rettung: überall, wohin ihn auch der Fittig der vermessensten Gedanken trug, stieß er auf Riegel und Mauern, und ein Versuch, die Gitterfenster zu durchfeilen, zog ihm, da er entdeckt ward, eine nur noch engere Einsperrung zu. Er warf sich vor dem Bildnisse der heiligen Mutter Gottes nieder, und betete mit unendlicher Inbrunst zu ihr, als der Einzigen, von der ihm jetzt noch Rettung kommen könnte.

Doch der gefürchtete Tag erschien, und mit ihm in seiner Brust die Überzeugung von der völligen Hoffnungslosigkeit seiner Lage. Die Glocken, welche Josephen zum Richtplatze begleiteten, ertönten, und Verzweiflung bemächtigte sich seiner Seele. Das Leben schien ihm verhasst, und er beschloss, sich durch einen Strick, den ihm der Zufall gelassen hatte, den Tod zu geben. Eben stand er, wie schon gesagt, an einem Wandpfeiler, und befestigte den Strick, der ihn dieser jammervollen Welt entreißen sollte, an eine Eisenklammer, die an dem Gesimse derselben eingefugt war; als plötzlich der größte Teil der Stadt, mit einem Gekrache, als ob das Firmament einstürzte, versank, und alles, was Leben atmete, unter seinen Trümmern begrub. Jeronimo Rugera

---

1 **Äbtissin:** Vorsteherin eines Klosters | 5 **Feuertod:** frühneuzeitliche Hinrichtungsmethode (»Autodafé«) | 6 **Matronen:** verheiratete oder verwitwete Frauen | 18 **Fittig:** Fittich, Flügel | 23 **Inbrunst:** Hingabe, Ergriffenheit | 36 **Firmament:** Himmelszelt

war starr vor Entsetzen; und gleich als ob sein ganzes Bewusstsein zerschmettert worden wäre, hielt er sich jetzt an dem Pfeiler, an welchem er hatte sterben wollen, um nicht umzufallen. Der Boden wankte unter seinen Füßen, alle Wände des Gefängnisses rissen, der ganze Bau neigte sich, nach der Straße zu einzustürzen, und nur der, seinem langsamen Fall begegnende, Fall des gegenüberstehenden Gebäudes verhinderte, durch eine zufällige Wölbung, die gänzliche Zubodenstreckung desselben. Zitternd, mit sträubenden Haaren, und Knien, die unter ihm brechen wollten, glitt Jeronimo über den schiefgesenkten Fußboden hinweg, der Öffnung zu, die der Zusammenschlag beider Häuser in die vordere Wand des Gefängnisses eingerissen hatte.

Kaum befand er sich im Freien, als die ganze, schon erschütterte Straße auf eine zweite Bewegung der Erde völlig zusammenfiel. Besinnungslos, wie er sich aus diesem allgemeinen Verderben retten würde, eilte er, über Schutt und Gebälk hinweg, indessen der Tod von allen Seiten Angriffe auf ihn machte, nach einem der nächsten Tore der Stadt. Hier stürzte noch ein Haus zusammen, und jagte ihn, die Trümmer weit umherschleudernd, in eine Nebenstraße; hier leckte die Flamme schon, in Dampfwolken blitzend, aus allen Giebeln, und trieb ihn schreckenvoll in eine andere; hier wälzte sich, aus seinem Gestade gehoben, der Mapochofluss auf ihn heran, und riss ihn brüllend in eine dritte. Hier lag ein Haufen Erschlagener, hier ächzte noch eine Stimme unter dem Schutte, hier schrien Leute von brennenden Dächern herab, hier kämpften Menschen und Tiere mit den Wellen, hier war ein mutiger Retter bemüht, zu helfen; hier stand ein anderer, bleich wie der Tod, und streckte sprachlos zitternde Hände zum Himmel. Als Jeronimo das Tor erreicht, und einen Hügel jenseits desselben bestiegen hatte, sank er ohnmächtig auf demselben nieder.

Er mochte wohl eine Viertelstunde in der tiefsten Bewusstlosigkeit gelegen haben, als er endlich wieder erwachte, und sich, mit nach der Stadt gekehrtem Rücken, halb auf dem Erdboden erhob. Er befühlte sich Stirn und Brust, un-

---

8 **eine zufällige Wölbung:** die sich gegeneinanderlehnenden Gebäude bilden einen Hohlraum | 9 f. **sträubenden:** gesträubten, zerzausten | 22 **leckte:** loderte, züngelte empor | 24 **Gestade:** hier: Flussbett | 24 f. **Mapochofluss:** der Rio Mapacho, der durch Santiago fließt

wissend, was er aus seinem Zustande machen sollte, und ein unsägliches Wonnegefühl ergriff ihn, als ein Westwind, vom Meere her, sein wiederkehrendes Leben anwehte, und sein Auge sich nach allen Richtungen über die blühende Gegend von St. Jago hinwandte. Nur die verstörten Menschenhaufen, die sich überall blicken ließen, beklemmten sein Herz; er begriff nicht, was ihn und sie hiehergeführt haben konnte, und erst, da er sich umkehrte, und die Stadt hinter sich versunken sah, erinnerte er sich des schrecklichen Augenblicks, den er erlebt hatte. Er senkte sich so tief, dass seine Stirn den Boden berührte, Gott für seine wunderbare Errettung zu danken; und gleich, als ob der eine entsetzliche Eindruck, der sich seinem Gemüt eingeprägt hatte, alle früheren daraus verdrängt hätte, weinte er vor Lust, dass er sich des lieblichen Lebens, voll bunter Erscheinungen, noch erfreue.

Drauf, als er eines Ringes an seiner Hand gewahrte, erinnerte er sich plötzlich auch Josephens; und mit ihr seines Gefängnisses, der Glocken, die er dort gehört hatte, und des Augenblicks, der dem Einsturze desselben vorangegangen war. Tiefe Schwermut erfüllte wieder seine Brust; sein Gebet fing ihn zu reuen an, und fürchterlich schien ihm das Wesen, das über den Wolken waltet. Er mischte sich unter das Volk, das überall, mit Rettung des Eigentums beschäftigt, aus den Toren stürzte, und wagte schüchtern nach der Tochter Asterons, und ob die Hinrichtung an ihr vollzogen worden sei, zu fragen; doch niemand war, der ihm umständliche Auskunft gab. Eine Frau, die auf einem fast zur Erde gedrückten Nacken eine ungeheure Last von Gerätschaften und zwei Kinder, an der Brust hängend, trug, sagte im Vorbeigehen, als ob sie es selbst angesehen hätte: dass sie enthauptet worden sei. Jeronimo kehrte sich um; und da er, wenn er die Zeit berechnete, selbst an ihrer Vollendung nicht zweifeln konnte, so setzte er sich in einem einsamen Walde nieder, und überließ sich seinem vollen Schmerz. Er wünschte, dass die zerstörende Gewalt der Natur von neuem über ihn einbrechen möchte. Er begriff nicht, warum er

---

17 **eines Ringes ... gewahrte:** einen Ring bemerkte | 27 f. **umständliche:** hier wie: aufwendige, ausführliche

dem Tode, den seine jammervolle Seele suchte, in jenen Augenblicken, da er ihm freiwillig von allen Seiten rettend erschien, entflohen sei. Er nahm sich fest vor, nicht zu wanken, wenn auch jetzt die Eichen entwurzelt werden, und ihre Wipfel über ihn zusammenstürzen sollten. Darauf nun, da er sich ausgeweint hatte, und ihm, mitten unter den heißesten Tränen, die Hoffnung wieder erschienen war, stand er auf, und durchstreifte nach allen Richtungen das Feld. Jeden Berggipfel, auf dem sich die Menschen versammelt hatten, besuchte er; auf allen Wegen, wo sich der Strom der Flucht noch bewegte, begegnete er ihnen; wo nur irgendein weibliches Gewand im Winde flatterte, da trug ihn sein zitternder Fuß hin: doch keines deckte die geliebte Tochter Asterons. Die Sonne neigte sich, und mit ihr seine Hoffnung schon wieder zum Untergange, als er den Rand eines Felsens betrat, und sich ihm die Aussicht in ein weites, nur von wenig Menschen besuchtes Tal eröffnete. Er durchlief, unschlüssig, was er tun sollte, die einzelnen Gruppen derselben, und wollte sich schon wieder wenden, als er plötzlich an einer Quelle, die die Schlucht bewässerte, ein junges Weib erblickte, beschäftigt, ein Kind in seinen Fluten zu reinigen. Und das Herz hüpfte ihm bei diesem Anblick: er sprang voll Ahndung über die Gesteine herab, und rief: O Mutter Gottes, du Heilige! und erkannte Josephen, als sie sich bei dem Geräusche schüchtern umsah. Mit welcher Seligkeit umarmten sie sich, die Unglücklichen, die ein Wunder des Himmels gerettet hatte!

Josephe war, auf ihrem Gang zum Tode, dem Richtplatze schon ganz nahe gewesen, als durch den krachenden Einsturz der Gebäude plötzlich der ganze Hinrichtungszug auseinandergesprengt ward. Ihre ersten entsetzensvollen Schritte trugen sie hierauf dem nächsten Tore zu; doch die Besinnung kehrte ihr bald wieder, und sie wandte sich, um nach dem Kloster zu eilen, wo ihr kleiner, hülfloser Knabe zurückgeblieben war. Sie fand das ganze Kloster schon in Flammen, und die Äbtissin, die ihr in jenen Augenblicken, die ihre letzten sein sollten, Sorge für den Säugling angelobt

---

23 **Ahndung:** Ahnung | 37 **angelobt:** gelobt, versprochen

hatte, schrie eben, vor den Pforten stehend, nach Hülfe, um ihn zu retten. Josephe stürzte sich, unerschrocken durch den Dampf, der ihr entgegenqualmte, in das von allen Seiten schon zusammenfallende Gebäude, und gleich, als ob alle Engel des Himmels sie umschirmten, trat sie mit ihm unbeschädigt wieder aus dem Portal hervor. Sie wollte der Äbtissin, welche die Hände über ihr Haupt zusammenschlug, eben in die Arme sinken, als diese, mit fast allen ihren Klosterfrauen, von einem herabfallenden Giebel des Hauses, auf eine schmähliche Art erschlagen ward. Josephe bebte bei diesem entsetzlichen Anblicke zurück; sie drückte der Äbtissin flüchtig die Augen zu, und floh, ganz von Schrecken erfüllt, den teuern Knaben, den ihr der Himmel wieder geschenkt hatte, dem Verderben zu entreißen.

Sie hatte noch wenig Schritte getan, als ihr auch schon die Leiche des Erzbischofs begegnete, die man soeben zerschmettert aus dem Schutt der Kathedrale hervorgezogen hatte. Der Palast des Vizekönigs war versunken, der Gerichtshof, in welchem ihr das Urteil gesprochen worden war, stand in Flammen, und an die Stelle, wo sich ihr väterliches Haus befunden hatte, war ein See getreten, und kochte rötliche Dämpfe aus. Josephe raffte alle ihre Kräfte zusammen, sich zu halten. Sie schritt, den Jammer von ihrer Brust entfernend, mutig mit ihrer Beute von Straße zu Straße, und war schon dem Tore nah, als sie auch das Gefängnis, in welchem Jeronimo geseufzt hatte, in Trümmern sah. Bei diesem Anblicke wankte sie, und wollte besinnungslos an einer Ecke niedersinken; doch in demselben Augenblick jagte sie der Sturz eines Gebäudes hinter ihr, das die Erschütterungen schon ganz aufgelöst hatten, durch das Entsetzen gestärkt, wieder auf; sie küsste das Kind, drückte sich die Tränen aus den Augen, und erreichte, nicht mehr auf die Gräuel, die sie umringten, achtend, das Tor. Als sie sich im Freien sah, schloss sie bald, dass nicht jeder, der ein zertrümmertes Gebäude bewohnt hatte, unter ihm notwendig müsse zerschmettert worden sein.

An dem nächsten Scheidewege stand sie still, und harrte,

---

24 **mit ihrer Beute:** mit ihrem Kind | 37 **Scheidewege:** Kreuzung, Weggabelung

ob nicht einer, der ihr, nach dem kleinen Philipp, der Liebste auf der Welt war, noch erscheinen würde. Sie ging, weil niemand kam, und das Gewühl der Menschen anwuchs, weiter, und kehrte sich wieder um, und harrte wieder; und schlich, viel Tränen vergießend, in ein dunkles, von Pinien beschattetes Tal, um seiner Seele, die sie entflohen glaubte, nachzubeten; und fand ihn hier, diesen Geliebten, im Tale, und Seligkeit, als ob es das Tal von Eden gewesen wäre.

Dies alles erzählte sie jetzt voll Rührung dem Jeronimo, und reichte ihm, da sie vollendet hatte, den Knaben zum Küssen dar. – Jeronimo nahm ihn, und hätschelte ihn in unsäglicher Vaterfreude, und verschloss ihm, da er das fremde Antlitz anweinte, mit Liebkosungen ohne Ende den Mund. Indessen war die schönste Nacht herabgestiegen, voll wundermilden Duftes, so silberglänzend und still, wie nur ein Dichter davon träumen mag. Überall, längs der Talquelle, hatten sich, im Schimmer des Mondscheins, Menschen niedergelassen, und bereiteten sich sanfte Lager von Moos und Laub, um von einem so qualvollen Tage auszuruhen. Und weil die Armen immer noch jammerten; dieser, dass er sein Haus, jener, dass er Weib und Kind, und der Dritte, dass er alles verloren habe: so schlichen Jeronimo und Josephe in ein dichteres Gebüsch, um durch das heimliche Gejauchz ihrer Seelen niemand zu betrüben. Sie fanden einen prachtvollen Granatapfelbaum, der seine Zweige, voll duftender Früchte, weit ausbreitete; und die Nachtigall flötete im Wipfel ihr wollüstiges Lied. Hier ließ sich Jeronimo am Stamme nieder, und Josephe in seinem, Philipp in Josephens Schoß, saßen sie, von seinem Mantel bedeckt, und ruhten. Der Baumschatten zog, mit seinen verstreuten Lichtern, über sie hinweg, und der Mond erblasste schon wieder vor der Morgenröte, ehe sie einschliefen. Denn Unendliches hatten sie zu schwatzen vom Klostergarten und den Gefängnissen, und was sie umeinander gelitten hätten; und waren sehr gerührt, wenn sie dachten, wie viel Elend über die Welt kommen musste, damit sie glücklich würden!

Sie beschlossen, sobald die Erderschütterungen aufgehört

---

8 **Eden:** Garten Eden, Paradies des Alten Testaments | 25 **Granatapfelbaum:** hellrot-orange blühender Baum; seine tiefroten Früchte enthalten wohlschmeckende, saftige Samen | 27 **wollüstiges:** hier: begehrliches, gieriges | 33 **schwatzen:** hier: lebhaft und aufgeregt erzählen

haben würden, nach La Conception zu gehen, wo Josephe eine vertraute Freundin hatte, sich mit einem kleinen Vorschuss, den sie von ihr zu erhalten hoffte, von dort nach Spanien einzuschiffen, wo Jeronimos mütterliche Verwandten wohnten, und daselbst ihr glückliches Leben zu beschließen. Hierauf, unter vielen Küssen, schliefen sie ein.

Als sie erwachten, stand die Sonne schon hoch am Himmel, und sie bemerkten in ihrer Nähe mehrere Familien, beschäftigt, sich am Feuer ein kleines Morgenbrot zu bereiten. Jeronimo dachte eben auch, wie er Nahrung für die Seinigen herbeischaffen sollte, als ein junger wohlgekleideter Mann, mit einem Kinde auf dem Arm, zu Josephen trat, und sie mit Bescheidenheit fragte: ob sie diesem armen Wurme, dessen Mutter dort unter den Bäumen beschädigt liege, nicht auf kurze Zeit ihre Brust reichen wolle? Josephe war ein wenig verwirrt, als sie in ihm einen Bekannten erblickte; doch da er, indem er ihre Verwirrung falsch deutete, fortfuhr: es ist nur auf wenige Augenblicke, Donna Josephe, und dieses Kind hat, seit jener Stunde, die uns alle unglücklich gemacht hat, nichts genossen; so sagte sie: »ich schwieg – aus einem andern Grunde, Don Fernando; in diesen schrecklichen Zeiten weigert sich niemand, von dem, was er besitzen mag, mitzuteilen«: und nahm den kleinen Fremdling, indem sie ihr eigenes Kind dem Vater gab, und legte ihn an ihre Brust. Don Fernando war sehr dankbar für diese Güte, und fragte: ob sie sich nicht mit ihm zu jener Gesellschaft verfügen wollten, wo eben jetzt beim Feuer ein kleines Frühstück bereitet werde? Josephe antwortete, dass sie dies Anerbieten mit Vergnügen annehmen würde, und folgte ihm, da auch Jeronimo nichts einzuwenden hatte, zu seiner Familie, wo sie auf das innigste und zärtlichste von Don Fernandos beiden Schwägerinnen, die sie als sehr würdige junge Damen kannte, empfangen ward.

Donna Elvire, Don Fernandos Gemahlin, welche schwer an den Füßen verwundet auf der Erde lag, zog Josephen, da sie ihren abgehärmten Knaben an der Brust derselben sah, mit vieler Freundlichkeit zu sich nieder. Auch Don Pedro,

---

1 **La Conception:** La Concepción: Provinz und Stadt in Mittelchile | 9 **Morgenbrot:** Frühstück | 14 **beschädigt:** verletzt | 23 **mitzuteilen:** mit anderen zu teilen | 26 f. **sich ... verfügen:** sich begeben | 29 **Anerbieten:** Angebot | 36 **abgehärmten:** abgemagerten

sein Schwiegervater, der an der Schulter verwundet war, nickte ihr liebreich mit dem Haupte zu. –

In Jeronimos und Josephens Brust regten sich Gedanken von seltsamer Art. Wenn sie sich mit so vieler Vertraulichkeit und Güte behandelt sahen, so wussten sie nicht, was sie von der Vergangenheit denken sollten, vom Richtplatze, von dem Gefängnisse, und der Glocke; und ob sie bloß davon geträumt hätten? Es war, als ob die Gemüter, seit dem fürchterlichen Schlage, der sie durchdröhnt hatte, alle versöhnt wären. Sie konnten in der Erinnerung gar nicht weiter, als bis auf ihn, zurückgehen. Nur Donna Elisabeth, welche bei einer Freundin, auf das Schauspiel des gestrigen Morgens, eingeladen worden war, die Einladung aber nicht angenommen hatte, ruhte zuweilen mit träumerischem Blicke auf Josephen; doch der Bericht, der über irgendein neues grässliches Unglück erstattet ward, riss ihre, der Gegenwart kaum entflohene Seele schon wieder in dieselbe zurück.

Man erzählte, wie die Stadt gleich nach der ersten Haupterschütterung von Weibern ganz voll gewesen, die vor den Augen aller Männer niedergekommen seien; wie die Mönche darin, mit dem Kruzifix in der Hand, umhergelaufen wären, und geschrien hätten: das Ende der Welt sei da! wie man einer Wache, die auf Befehl des Vizekönigs verlangte, eine Kirche zu räumen, geantwortet hätte: es gäbe keinen Vizekönig von Chili mehr! wie der Vizekönig in den schrecklichsten Augenblicken hätte müssen Galgen aufrichten lassen, um der Dieberei Einhalt zu tun; und wie ein Unschuldiger, der sich von hinten durch ein brennendes Haus gerettet, von dem Besitzer aus Übereilung ergriffen, und sogleich auch aufgeknüpft worden wäre.

Donna Elvire, bei deren Verletzungen Josephe viel beschäftigt war, hatte in einem Augenblick, da gerade die Erzählungen sich am lebhaftesten kreuzten, Gelegenheit genommen, sie zu fragen: wie es denn ihr an diesem fürchterlichen Tag ergangen sei? Und da Josephe ihr, mit beklemmtem Herzen, einige Hauptzüge davon angab, so

---

22 **Kruzifix:** Kreuz mit einer Darstellung des gekreuzigten Christus|
30 **aus Übereilung:** vorschnell

ward ihr die Wollust, Tränen in die Augen dieser Dame treten zu sehen; Donna Elvire ergriff ihre Hand, und drückte sie, und winkte ihr, zu schweigen. Josephe dünkte sich unter den Seligen. Ein Gefühl, das sie nicht unterdrücken konnte, nannte den verflossnen Tag, so viel Elend er auch über die Welt gebracht hatte, eine Wohltat, wie der Himmel noch keine über sie verhängt hatte. Und in der Tat schien, mitten in diesen grässlichen Augenblicken, in welchen alle irdischen Güter der Menschen zugrunde gingen, und die ganze Natur verschüttet zu werden drohte, der menschliche Geist selbst, wie eine schöne Blume, aufzugehn. Auf den Feldern, so weit das Auge reichte, sah man Menschen von allen Ständen durcheinander liegen, Fürsten und Bettler, Matronen und Bäuerinnen, Staatsbeamte und Tagelöhner, Klosterherren und Klosterfrauen: einander bemitleiden, sich wechselseitig Hülfe reichen, von dem, was sie zur Erhaltung ihres Lebens gerettet haben mochten, freudig mitteilen, als ob das allgemeine Unglück alles, was ihm entronnen war, zu *einer* Familie gemacht hätte.

Statt der nichtssagenden Unterhaltungen, zu welchen sonst die Welt an den Teetischen den Stoff hergegeben hatte, erzählte man jetzt Beispiele von ungeheuern Taten: Menschen, die man sonst in der Gesellschaft wenig geachtet hatte, hatten Römergröße gezeigt; Beispiele zu Haufen von Unerschrockenheit, von freudiger Verachtung der Gefahr, von Selbstverleugnung und der göttlichen Aufopferung, von ungesäumter Wegwerfung des Lebens, als ob es, dem nichtswürdigsten Gute gleich, auf dem nächsten Schritte schon wiedergefunden würde. Ja, da nicht einer war, für den nicht an diesem Tage etwas Rührendes geschehen wäre, oder der nicht selbst etwas Großmütiges getan hätte, so war der Schmerz in jeder Menschenbrust mit so viel süßer Lust vermischt, dass sich, wie sie meinte, gar nicht angeben ließ, ob die Summe des allgemeinen Wohlseins nicht von der einen Seite um ebenso viel gewachsen war, als sie von der anderen abgenommen hatte.

Jeronimo nahm Josephen, nachdem sich beide in diesen

---

1 **Wollust:** hier: Befriedigung, Glücksgefühl | 3 **dünkte sich:** glaubte sich | 14 f. **Tagelöhner:** Gelegenheitsarbeiter | 24 **Römergröße:** Heldengröße | 27 **ungesäumter:** sofortiger, unverzüglicher | 27 f. **dem nichtswürdigsten Gute gleich:** wie ein Wegwerfartikel

Betrachtungen stillschweigend erschöpft hatten, beim Arm, und führte sie mit unaussprechlicher Heiterkeit unter den schattigen Lauben des Granatwaldes auf und nieder. Er sagte ihr, dass er, bei dieser Stimmung der Gemüter und dem Umsturz aller Verhältnisse, seinen Entschluss, sich nach Europa einzuschiffen, aufgebe; dass er vor dem Vizekönig, der sich seiner Sache immer günstig gezeigt, falls er noch am Leben sei, einen Fußfall wagen würde; und dass er Hoffnung habe (wobei er ihr einen Kuss aufdrückte), mit ihr in Chili zurückzubleiben. Josephe antwortete, dass ähnliche Gedanken in ihr aufgestiegen wären; dass auch sie nicht mehr, falls ihr Vater nur noch am Leben sei, ihn zu versöhnen zweifle; dass sie aber statt des Fußfalles lieber nach La Conception zu gehen, und von dort aus schriftlich das Versöhnungsgeschäft mit dem Vizekönig zu betreiben rate, wo man auf jeden Fall in der Nähe des Hafens wäre, und für den besten, wenn das Geschäft die erwünschte Wendung nähme, ja leicht wieder nach St. Jago zurückkehren könnte. Nach einer kurzen Überlegung gab Jeronimo der Klugheit dieser Maßregel seinen Beifall, führte sie noch ein wenig, die heitern Momente der Zukunft überfliegend, in den Gängen umher, und kehrte mit ihr zur Gesellschaft zurück.

Inzwischen war der Nachmittag herangekommen, und die Gemüter der herumschwärmenden Flüchtlinge hatten sich, da die Erdstöße nachließen, nur kaum wieder ein wenig beruhigt, als sich schon die Nachricht verbreitete, dass in der Dominikanerkirche, der einzigen, welche das Erdbeben verschont hatte, eine feierliche Messe von dem Prälaten des Klosters selbst gelesen werden würde, den Himmel um Verhütung fernern Unglücks anzuflehen.

Das Volk brach schon aus allen Gegenden auf, und eilte in Strömen zur Stadt. In Don Fernandos Gesellschaft ward die Frage aufgeworfen, ob man nicht auch an dieser Feierlichkeit teilnehmen, und sich dem allgemeinen Zuge anschließen solle? Donna Elisabeth erinnerte, mit einiger Beklemmung, was für ein Unheil gestern in der Kirche vorge-

---

3 **Lauben:** hier: geschützte Waldpfade | 3 **Granatwaldes:** Waldes von Granatapfelbäumen (vgl. Anm. zu 11/55,25) | 8 **Fußfall:** Kniefall als Zeichen der Unterwerfung | 20 **Maßregel:** Vorsichtsmaßnahme | 29 **Prälaten:** Prälat: hoher kirchlicher Würdenträger, hier des Dominikanerklosters

fallen sei; dass solche Dankfeste ja wiederholt werden würden, und dass man sich der Empfindung alsdann, weil die Gefahr schon mehr vorüber wäre, mit desto größerer Heiterkeit und Ruhe überlassen könnte. Josephe äußerte, indem sie mit einiger Begeisterung sogleich aufstand, dass sie den Drang, ihr Antlitz vor dem Schöpfer in den Staub zu legen, niemals lebhafter empfunden habe, als eben jetzt, wo er seine unbegreifliche und erhabene Macht so entwickle. Donna Elvire erklärte sich mit Lebhaftigkeit für Josephens Meinung. Sie bestand darauf, dass man die Messe hören sollte, und rief Don Fernando auf, die Gesellschaft zu führen, worauf sich alles, Donna Elisabeth auch, von den Sitzen erhob. Da man jedoch Letztere, mit heftig arbeitender Brust, die kleinen Anstalten zum Aufbruche zaudernd betreiben sah, und sie, auf die Frage: was ihr fehle? antwortete: sie wisse nicht, welch eine unglückliche Ahndung in ihr sei? so beruhigte sie Donna Elvire, und forderte sie auf, bei ihr und ihrem kranken Vater zurückzubleiben. Josephe sagte: so werden Sie mir wohl, Donna Elisabeth, diesen kleinen Liebling abnehmen, der sich schon wieder, wie Sie sehen, bei mir eingefunden hat. Sehr gern, antwortete Donna Elisabeth, und machte Anstalten ihn zu ergreifen; doch da dieser über das Unrecht, das ihm geschah, kläglich schrie, und auf keine Art darein willigte, so sagte Josephe lächelnd, dass sie ihn nur behalten wolle, und küsste ihn wieder still. Hierauf bot Don Fernando, dem die ganze Würdigkeit und Anmut ihres Betragens sehr gefiel, ihr den Arm; Jeronimo, welcher den kleinen Philipp trug, führte Donna Constanzen; die übrigen Mitglieder, die sich bei der Gesellschaft eingefunden hatten, folgten; und in dieser Ordnung ging der Zug nach der Stadt.

Sie waren kaum funfzig Schritte gegangen, als man Donna Elisabeth welche inzwischen heftig und heimlich mit Donna Elvire gesprochen hatte: Don Fernando! rufen hörte, und dem Zuge mit unruhigen Tritten nacheilen sah. Don Fernando hielt, und kehrte sich um; harrte ihrer, ohne Josephen loszulassen, und fragte, da sie, gleich als ob sie auf

---

6 **Antlitz:** Gesicht | 14 **zaudernd:** zögernd | 27 **Anmut:** Schönheit der Bewegung

sein Entgegenkommen wartete, in einiger Ferne stehen blieb: was sie wolle? Donna Elisabeth näherte sich ihm hierauf, obschon, wie es schien, mit Widerwillen, und raunte ihm, doch so, dass Josephe es nicht hören konnte, einige Worte ins Ohr. Nun? fragte Don Fernando: und das Unglück, das daraus entstehen kann? Donna Elisabeth fuhr fort, ihm mit verstörtem Gesicht ins Ohr zu zischeln. Don Fernando stieg eine Röte des Unwillens ins Gesicht; er antwortete: es wäre gut! Donna Elvire möchte sich beruhigen; und führte seine Dame weiter. –

Als sie in der Kirche der Dominikaner ankamen, ließ sich die Orgel schon mit musikalischer Pracht hören, und eine unermessliche Menschenmenge wogte darin. Das Gedränge erstreckte sich bis weit vor den Portalen auf den Vorplatz der Kirche hinaus, und an den Wänden hoch, in den Rahmen der Gemälde, hingen Knaben, und hielten mit erwartungsvollen Blicken ihre Mützen in der Hand. Von allen Kronleuchtern strahlte es herab, die Pfeiler warfen, bei der einbrechenden Dämmerung, geheimnisvolle Schatten, die große von gefärbtem Glas gearbeitete Rose in der Kirche äußerstem Hintergrunde glühte, wie die Abendsonne selbst, die sie erleuchtete, und Stille herrschte, da die Orgel jetzt schwieg, in der ganzen Versammlung, als hätte keiner einen Laut in der Brust. Niemals schlug aus einem christlichen Dom eine solche Flamme der Inbrunst gen Himmel, wie heute aus dem Dominikanerdom zu St. Jago; und keine menschliche Brust gab wärmere Glut dazu her, als Jeronimos und Josephens!

Die Feierlichkeit fing mit einer Predigt an, die der ältesten Chorherren einer, mit dem Festschmuck angetan, von der Kanzel hielt. Er begann gleich mit Lob, Preis und Dank, seine zitternden, vom Chorhemde weit umflossenen Hände hoch gen Himmel erhebend, dass noch Menschen seien, auf diesem, in Trümmer zerfallenden Teile der Welt, fähig, zu Gott empor zu stammeln. Er schilderte, was auf den Wink des Allmächtigen geschehen war; das Weltgericht kann nicht entsetzlicher sein; und als er das gestrige Erdbe-

---

3 **obschon:** obwohl | 20 **Rose:** Fensterrose: großes Rundfenster über einem Kirchenportal | 25 **gen:** in Richtung | 30 **Chorherren:** Mitglieder des »Domkapitels«, Domleitung | 32 **vom Chorhemde:** vom weißen Leinengewand mit weiten Ärmeln

ben gleichwohl, auf einen Riss, den der Dom erhalten hatte, hinzeigend, einen bloßen Vorboten davon nannte, lief ein Schauder über die ganze Versammlung. Hierauf kam er, im Flusse priesterlicher Beredsamkeit, auf das Sittenverderbnis der Stadt; Gräuel, wie Sodom und Gomorrha sie nicht sahen, straft' er an ihr; und nur der unendlichen Langmut Gottes schrieb er es zu, dass sie noch nicht gänzlich vom Erdboden vertilgt worden sei.

Aber wie dem Dolche gleich fuhr es durch die von dieser Predigt schon ganz zerrissenen Herzen unserer beiden Unglücklichen, als der Chorherr bei dieser Gelegenheit umständlich des Frevels erwähnte, der in dem Klostergarten der Karmeliterinnen verübt worden war; die Schonung, die er bei der Welt gefunden hatte, gottlos nannte, und in einer von Verwünschungen erfüllten Seitenwendung, die Seelen der Täter, wörtlich genannt, allen Fürsten der Hölle übergab! Donna Constanze rief, indem sie an Jeronimos Armen zuckte: Don Fernando! Doch dieser antwortete so nachdrücklich und doch so heimlich, wie sich beides verbinden ließ: »Sie schweigen, Donna, Sie rühren auch den Augapfel nicht, und tun, als ob Sie in eine Ohnmacht versänken; worauf wir die Kirche verlassen.« Doch, ehe Donna Constanze diese sinnreiche zur Rettung erfundene Maßregel noch ausgeführt hatte, rief schon eine Stimme, des Chorherrn Predigt laut unterbrechend, aus: Weichet fern hinweg, ihr Bürger von St. Jago, hier stehen diese gottlosen Menschen! Und als eine andere Stimme schreckenvoll, indessen sich ein weiter Kreis des Entsetzens um sie bildete, fragte: wo? hier! versetzte ein Dritter, und zog, heiliger Ruchlosigkeit voll, Josephen bei den Haaren nieder, dass sie mit Don Fernandos Sohne zu Boden getaumelt wäre, wenn dieser sie nicht gehalten hätte. »Seid ihr wahnsinnig?« rief der Jüngling, und schlug den Arm um Josephen: »ich bin Don Fernando Ormez, Sohn des Kommandanten der Stadt, den ihr alle kennt.« Don Fernando Ormez? rief, dicht vor ihn hingestellt, ein Schuhflicker, der für Josephen gearbeitet hatte, und diese wenigstens so genau kannte, als ihre kleinen

---

5 **Sodom und Gomorrha:** Städte im Alten Testament | 6 **Langmut:** Geduld | 11 f. **umständlich:** hier: ausführlich | 12 **des Frevels:** des Verstoßes gegen Gottes Gebote | 23 **sinnreiche:** sinnvolle | 29 **Ruchlosigkeit:** hier: Gehässigkeit, Unbarmherzigkeit, Verworfenheit

Füße. Wer ist der Vater zu diesem Kinde? wandte er sich mit frechem Trotz zur Tochter Asterons. Don Fernando erblasste bei dieser Frage. Er sah bald den Jeronimo schüchtern an, bald überflog er die Versammlung, ob nicht einer sei, der ihn kenne? Josephe rief, von entsetzlichen Verhältnissen gedrängt: dies ist nicht mein Kind, Meister Pedrillo, wie Er glaubt; indem sie, in unendlicher Angst der Seele, auf Don Fernando blickte: dieser junge Herr ist Don Fernando Ormez, Sohn des Kommandanten der Stadt, den ihr alle kennt! Der Schuster fragte: wer von euch, ihr Bürger, kennt diesen jungen Mann? Und mehrere der Umstehenden wiederholten: wer kennt den Jeronimo Rugera? Der trete vor! Nun traf es sich, dass in demselben Augenblicke der kleine Juan, durch den Tumult erschreckt, von Josephens Brust weg Don Fernando in die Arme strebte. Hierauf: Er ist der Vater! schrie eine Stimme; und: er ist Jeronimo Rugera! eine andere; und: sie *sind* die gotteslästerlichen Menschen! eine dritte; und: steinigt sie! steinigt sie! die ganze im Tempel Jesu versammelte Christenheit! Drauf jetzt Jeronimo: Halt! Ihr Unmenschlichen! Wenn ihr den Jeronimo Rugera sucht: hier ist er! Befreit jenen Mann, welcher unschuldig ist! –

Der wütende Haufen, durch die Äußerung Jeronimos verwirrt, stutzte; mehrere Hände ließen Don Fernando los; und da in demselben Augenblick ein Marine-Offizier von bedeutendem Rang herbeieilte, und, indem er sich durch den Tumult drängte, fragte: Don Fernando Ormez! Was ist Euch widerfahren? so antwortete dieser, nun völlig befreit, mit wahrer heldenmütiger Besonnenheit: »Ja, sehen Sie, Don Alonzo, die Mordknechte! Ich wäre verloren gewesen, wenn dieser würdige Mann sich nicht, die rasende Menge zu beruhigen, für Jeronimo Rugera ausgegeben hätte. Verhaften Sie ihn, wenn Sie die Güte haben wollen, nebst dieser jungen Dame, zu ihrer beiderseitigen Sicherheit; und diesen Nichtswürdigen«, indem er Meister Pedrillo ergriff, »der den ganzen Aufruhr angezettelt hat!« Der Schuster rief: Don Alonzo Onoreja, ich frage Euch auf Euer Gewis-

---

2 **mit frechem Trotz:** herausfordernd | 5f. **Verhältnissen:** hier: Umständen | 18 **steinigt sie!:** Steinigung: archaische Hinrichtungsmethode

sen, ist dieses Mädchen nicht Josephe Asteron? Da nun Don Alonzo, welcher Josephen sehr genau kannte, mit der Antwort zauderte, und mehrere Stimmen, dadurch von neuem zur Wut entflammt riefen: sie ist's, sie ist's! und: bringt sie zu Tode! so setzte Josephe den kleinen Philipp, den Jeronimo bisher getragen hatte, samt dem kleinen Juan, auf Don Fernandos Arm, und sprach: gehn Sie, Don Fernando, retten Sie Ihre beiden Kinder, und überlassen Sie uns unserm Schicksale!

Don Fernando nahm die beiden Kinder und sagte: er wolle eher umkommen, als zugeben, dass seiner Gesellschaft etwas zuleide geschehe. Er bot Josephen, nachdem er sich den Degen des Marine-Offiziers ausgebeten hatte, den Arm, und forderte das hintere Paar auf, ihm zu folgen. Sie kamen auch wirklich, indem man ihnen, bei solchen Anstalten, mit hinlänglicher Ehrerbietigkeit Platz machte, aus der Kirche heraus, und glaubten sich gerettet. Doch kaum waren sie auf den von Menschen gleichfalls erfüllten Vorplatz derselben getreten, als eine Stimme aus dem rasenden Haufen, der sie verfolgt hatte, rief: dies ist Jeronimo Rugera, ihr Bürger, denn ich bin sein eigner Vater! und ihn an Donna Constanzens Seite mit einem ungeheuren Keulenschlage zu Boden streckte. Jesus Maria! rief Donna Constanze, und floh zu ihrem Schwager; doch: Klostermetze! erscholl es schon, mit einem zweiten Keulenschlage, von einer andern Seite, der sie leblos neben Jeronimo niederwarf. Ungeheuer! rief ein Unbekannter: dies war Donna Constanze Xares! Warum belogen sie uns! antwortete der Schuster; sucht die Rechte auf, und bringt sie um! Don Fernando, als er Constanzes Leichnam erblickte, glühte vor Zorn; er zog und schwang das Schwert, und hieb, dass er ihn gespalten hätte, den fanatischen Mordknecht, der diese Gräuel veranlasste, wenn derselbe nicht, durch eine Wendung, dem wütenden Schlag entwichen wäre. Doch da er die Menge, die auf ihn eindrang, nicht überwältigen konnte: leben Sie wohl, Don Fernando mit den Kindern! rief Josephe – und: hier mordet mich, ihr

---

11 **zugeben:** hier: zulassen | 11 f. **seiner Gesellschaft:** hier: seinen Begleitern | 13 **ausgebeten:** erbeten, ausgeliehen | 16 **hinlänglicher:** ausreichender, genügender | 24 f. **Klostermetze:** Metze: Hure | 32 **fanatischen:** wie besessenen

blutdürstenden Tiger! und stürzte sich freiwillig unter sie, um dem Kampf ein Ende zu machen. Meister Pedrillo schlug sie mit der Keule nieder. Darauf ganz mit ihrem Blute besprützt: schickt ihr den Bastard zur Hölle nach! rief er, und drang, mit noch ungesättigter Mordlust, von neuem vor.

Don Fernando, dieser göttliche Held, stand jetzt, den Rücken an die Kirche gelehnt; in der Linken hielt er die Kinder, in der Rechten das Schwert. Mit jedem Hiebe wetterstrahlte er einen zu Boden; ein Löwe wehrt sich nicht besser. Sieben Bluthunde lagen tot vor ihm, der Fürst der satanischen Rotte selbst war verwundet. Doch Meister Pedrillo ruhte nicht eher, als bis er der Kinder eines bei den Beinen von seiner Brust gerissen, und, hochher im Kreise geschwungen, an eines Kirchpfeilers Ecke zerschmettert hatte. Hierauf ward es still, und alles entfernte sich. Don Fernando, als er seinen kleinen Juan vor sich liegen sah, mit aus dem Hirne vorquellenden Mark, hob, voll namenlosen Schmerzes, seine Augen gen Himmel.

Der Marine-Offizier fand sich wieder bei ihm ein, suchte ihn zu trösten, und versicherte ihn, dass seine Untätigkeit bei diesem Unglück, obschon durch mehrere Umstände gerechtfertigt, ihn reue; doch Don Fernando sagte, dass ihm nichts vorzuwerfen sei, und bat ihn nur, die Leichname jetzt fortschaffen zu helfen. Man trug sie alle, bei der Finsternis der einbrechenden Nacht, in Don Alonzos Wohnung, wohin Don Fernando ihnen, viel über das Antlitz des kleinen Philipp weinend, folgte. Er übernachtete auch bei Don Alonzo, und säumte lange, unter falschen Vorspiegelungen, seine Gemahlin von dem ganzen Umfang des Unglücks zu unterrichten; einmal, weil sie krank war, und dann, weil er auch nicht wusste, wie sie sein Verhalten bei dieser Begebenheit beurteilen würde; doch kurze Zeit nachher, durch einen Besuch zufällig von allem, was geschehen war, benachrichtigt, weinte diese treffliche Dame im Stillen ihren mütterlichen Schmerz aus, und fiel ihm mit dem Rest einer erglänzenden Träne eines Morgens um den

---

4 besprützt: alte Form für: besspritzt | **4 Bastard:** uneheliches Kind | **11 Bluthunde:** Jagdhunde, hier: blutgierige Menschen | **12 Rotte:** Trupp, wilder Haufen, Meute | **29 säumte:** versäumte, zögerte | **29 f. unter falschen Vorspiegelungen:** mit Ausreden | **35 treffliche:** vortreffliche, hervorragende

Hals und küsste ihn. Don Fernando und Donna Elvire nahmen hierauf den kleinen Fremdling zum Pflegesohn an; und wenn Don Fernando Philippen mit Juan verglich, und wie er beide erworben hatte, so war es ihm fast, als müsst er sich freuen.

/ Anhang

1. Zur Textgestalt

Der Werktext der vorliegenden Ausgabe ist seiten- und zeilengleich mit der Ausgabe der Universal-Bibliothek Nr. 8002; er folgt der ersten Buchausgabe:

> Heinrich von Kleist: Erzählungen. Michael Kohlhaas (aus einer alten Chronik). Die Marquise von O .... Das Erdbeben in Chili. Berlin: Realschulbuchhandlung, 1810.

Einige wenige Satzversehen wurden stillschweigend verbessert. Die Einteilung in einunddreißig Abschnitte durch das Einfügen von Absätzen geht auf den Erstdruck im *Morgenblatt für gebildete Stände* (Nr. 217–221, 10.–15. September 1807) zurück; die Buchausgabe von 1810 hat drei Abschnitte.

Die Orthographie wurde auf der Grundlage der gültigen amtlichen Rechtschreibregeln behutsam modernisiert; der originale Lautstand und grammatische Eigenheiten blieben gewahrt. Die Interpunktion folgt der Druckvorlage.

2. Anmerkungen

5/49,2 **St. Jago ... Chili:** Santiago war seit 1609 Hauptstadt Chiles und 1806, zur Entstehungszeit der Novelle, noch spanische Kolonie. 1818 erlangte das Land seine Unabhängigkeit (vgl. auch Anm. zu 6/50,7).

5/49,8 **Don:** Die Anrede wird auch als Titel für Angehörige des höheren Standes gebraucht, weiblich Doña oder (in der verdeutschten Form) Donna.

5/49,12 **zärtlichen Einverständnis:** hier: heimlichen Verlobung.

5/49,16 f. **Karmeliterkloster:** Karmeliterorden: katholischer Bettelorden.

5/49,22 f. **Fronleichnamsfeste:** An Fronleichnam, einem katholischen Hochfest, wird die reale Gegenwart Christi im Sakrament der Eucharistie (des Abendmahls), in Blut und Wein, gefeiert. Es wird immer am zweiten Donnerstag nach Pfingsten mit feierlichen Prozessionen begangen. Fronleichnam fiel 1647 auf den 20. Juni (in Südamerika ein Wintermonat); das historische Erdbeben fand jedoch im Mai statt.

5/49,29 f. **aus den Wochen erstanden:** nach der Schonungszeit für Mütter nach der Geburt (Wochenbett).

5/49,31 **der geschärfteste Prozess:** unter schärfster Anwendung der Folter.

6/50,3 **das klösterliche Gesetz:** Gemeint sind die Gelübde, die man beim Eintritt in einen Orden ablegen muss, nach der jeweiligen Ordensregel zu leben; dazu gehört u.a. auch das Versprechen, in Keuschheit zu leben.

6/50,7 **Vizekönigs:** Gemeint ist der Statthalter des spanischen Königs. Eigentlich hatte Chile lediglich den Status eines »Generalkapitanats« und gehörte dem »Vizekönigreich« Peru an. Von den neun spanischen Statthaltern in Südamerika waren vier Vizekönige und fünf Generalkapitäne. Dennoch entspricht Kleists Rede vom »Königreich« Chile (erstmals 5/49,2) einer Gepflogenheit um 1800.

6/50,34 **an dem Gesimse derselben:** am oberen Rand des Wandpfeilers.

11/55,25 **Granatapfelbaum:** Das Symbol der Fruchtbarkeit in der christlichen Mythologie gehört wie die folgende »Nachtigall« (11/55,26) zum literarischen Topos des Locus amoenus, des »lieblichen Orts«.

14/58,24 **Römergröße:** den sogenannten »römischen Tugenden« entsprechend, die nach römischem Gesellschaftsverständnis der Republik die Stärke gaben, ein Weltreich zu erobern, z. B. Menschlichkeit, Stärke, Mut, Pflichtgefühl.

15/59,22 **in den Gängen:** in den Laubengängen, also auf geschützten Waldpfaden.

15/59,28 **Dominikanerkirche:** die Kirche des Dominikanerklosters; die Dominikaner sind ein katholischer Predigerorden.

17/61,15–17 **und an den Wänden hoch ... ihre Mützen in der Hand:** Gemeint ist: Übermütige junge Leute bestiegen die Seitenwände der Kirchenschiffe, um Platz zu finden, vielleicht auch einen besseren Überblick zu gewinnen. Dennoch nahmen sie aus Respekt vor dem Gotteshaus ihre Kopfbedeckungen ab. Kleist steigert mit diesem Bild den Eindruck des äußersten Menschengedränges in der Dominikanerkirche.

17/61,36 **Weltgericht:** das Jüngste Gericht. Die Offenbarung (Apokalypse) des Johannes als Abschluss des Neuen Testamentes berichtet vom Endgericht über alle Menschen – tote wie lebende – und ihrer Verteilung auf Himmel und Hölle. Einige der folgenden Schreckensbilder von Mord und Verheerung (z. B. Pedrillo als »Fürst der satanischen Rotte«, 21/65,11 f.) entsprechen der apokalyptischen Bildtradition.

18/62,5 **Sodom und Gomorrha:** zwei Städte im Ersten Buch Mose, die wegen ihrer Verkommenheit von Gott durch einen Regen aus Feuer und Schwefel zerstört wurden. Sie werden im Alten Testament, aber auch im Evangelium des Lukas als Warnung vor der Strafe Gottes für einen unsittlichen Lebenswandel zitiert.

18/62,26 **Bürger:** Die Anrede spielt möglicherweise auf die realen Geschehnisse während der Französischen Revolution an, in der »Bürger« (frz. *citoyens*) ebenfalls zu blindwütigem, fanatisiertem Hass angestachelt wurden. Inwieweit Kleist mit dem *Erdbeben in Chili* auch eine historisch-politische Kritik an Französischer Revolution, Massenverführung und Pöbelherrschaft bezweckte, ist in der Kleist-Forschung umstritten (vgl. dazu auch die Materialien im Anhang, v. a. in 5.2 und 5.3).

18/62,29 **heilige Ruchlosigkeit:** Der Vollzug der Rache ist in den Augen der fanatisierten Menge ›heilig‹, weil damit der vermeintlich göttliche Wille erfüllt wird; zugleich ist sie (in den Augen des Autors) das Gegenteil: scheinheilig und ruchlos (also gehässig und unbarmherzig).

18/62,34 **des Kommandanten:** des militärischen Befehlshabers.

19/63,18 **steinigt sie!:** Steinigung: Diese jahrtausendealte grausame Hinrichtungsart wurde von einer Menschen*gruppe* vollzogen. Eine Person, die häufig bis zum Oberkörper eingegraben war, wurde durch dauerhafte Steinwürfe von mehreren Seiten allmählich getötet. Ähnlich wie die »heilige Ruchlosigkeit« (18/62,29) verurteilt Kleist durch diese Formulierung den blinden religiösen Eifer der Menschenmenge.

21/65,9f. **wetterstrahlte:** streckte schnell wie ein Blitzschlag nieder (Bildung eines Verbs aus dem Substantiv ›Wetterstrahl‹ für ›Blitz‹).

3. Leben und Zeit

»Er zählt zu den großen deutschen Dichtern, seine Dramen und Erzählungen haben weltliterarischen Rang – nur wenige Aussagen über Heinrich von Kleist finden heute so breite Zustimmung wie dieses Urteil, das freilich immer wieder aufs Neue ganz unterschiedlich begründet worden ist.

Doch auch das Bewusstsein der Einzigartigkeit und der Hochrangigkeit Kleists hat sich in der Literaturkritik und -wissenschaft nur allmählich durchsetzen können; erst seit Beginn des 20. Jahrhunderts wurde Kleist der Rang eines Klassikers zuerkannt. [...]

Heinrich von Kleist wurde als Sohn einer altpommerschen Familie, der viele hohe preußische Offiziere angehörten, in der Garnisonsstadt Frankfurt an der Oder geboren. Seine Familie hatte bereits zwei Dichter hervorgebracht, Ewald von Kleist (geb. 1715), der 1759 in der Schlacht von Kunersdorf fiel, und Franz Alexander von Kleist (1769–1797).

Mit dem Eintritt ins Militär schlug der Fünfzehnjährige zunächst eine Laufbahn ein, die ihm die Familientradition vorzeichnete, doch an dieser Tradition hielt er nur für einige Jahre fest. Seinem freiwilligen Abschied aus dem Militär im Frühjahr 1799 folgte eine längere Phase der Orientierung; von seiner Suche nach einem verbindlichen ›Lebensplan‹ zeugt u. a. sein an den Regimentskameraden Rühle gerichteter *Aufsatz, den sichern Weg des Glücks zu finden*. Kleist interessierte sich vor allem für naturwissenschaftliche und mathematische Studien, auf Wunsch der Familie studierte er an der Universität seiner Geburtsstadt jedoch für drei Semester Rechtswissenschaften, schloss das Studium freilich nie mit einem Examen ab.

Während dieser Frankfurter Zeit verlobte er sich mit Wilhelmine von Zenge, der späteren Ehefrau des Philosophen Wilhelm Traugott Krug. Die Briefe an seine Verlobte spiegeln Kleists Versuche, sie auf bestimmte Rollenmuster festzulegen und nach seinen Vorstellungen weiterzubilden. Dabei gab er sich selbst die Rolle des sicher Führenden. Tatsächlich jedoch war er sich über seinen weiteren Lebensweg höchst unsicher, was sich u. a. in der von ihm selbst zum Geheimnis gemachten Reise nach Würzburg spiegelt. Auch in späterer Zeit ließ Kleist sich nie dauerhaft nieder, oft blieb er nur wenige Wochen oder Monate an einem Ort. Von dem Verlust der bisherigen Orientierungen berichten die Briefe des Frühjahrs 1801, in denen er die Erschütterung seines Glaubens an seine Wahrnehmungs- und Erkenntnisfähigkeit durch die Philosophie Kants schildert, was spätere Biographen fasslich zur ›Kantkrise‹ verdichtet haben. Die Verlobung mit Wilhelmine löste Kleist im Mai 1802. Seine ältere Halbschwester Ulrike blieb ihm eine wichtige Bezugsperson, mit der er z. B. gemeinsame Reisen unternahm, auch dieses Verhältnis war nicht ohne Spannungen. Eine weitere Gesprächs- und Briefpartnerin fand Kleist in seiner älteren Verwandten Marie von Kleist.

Kleists schriftstellerische Tätigkeit erstreckt sich auf einen Zeitraum von nur 10 Jahren; an ihren Beginn lassen sich zu Recht die ausführlichen Briefe aus Paris im Sommer 1801 stellen, in denen er die gesellschaftlichen Zustände in der französischen Hauptstadt pointiert und mit dramatischer Zuspitzung schildert.

Von Paris reiste Kleist in die Schweiz, wo er sich in ländlicher Umgebung dauerhaft niederlassen wollte; für einige Monate lebte er abgeschieden auf der Aare-Insel bei Thun. Dort begann er 1802 die Arbeit an seinem ersten Drama *Die Familie Schroffenstein* (zunächst im Szenarium: *Die Familie Thierrez* bzw. im ersten Manuskript: *Die Familie Ghonorez*). Die Handlung des analytisch[1] gebauten Dramas zeigt, wie in dem Bestreben, vermeintliches Unrecht zu rächen, die natürliche Ordnung umso nachhaltiger zerstört wird: Verblendet bringen die verfeindeten Verwandten Rupert und Sylvester ihre jeweils eigenen Kinder Ottokar und Agnes um, deren Liebesverbindung kurz die utopische Vorstellung von harmonischer Versöhnung möglich scheinen ließ. Am Anfang der verhängnisvollen Ereignisse steht ein Erbvertrag, der gerade Ordnung in die verzweigte Familie bringen sollte, nun aber zum Anlass für vielfaches Misstrauen wird. Viele Themen und Motive seiner späteren Werke finden sich bereits in diesem ersten Drama Kleists angelegt.

Anfang 1803 lebte Kleist für einige Wochen in Oßmannstedt bei Weimar als Gast Christoph Martin Wielands, der seinen Plan einer Tragödie hohen Stils über den Normannen Robert Guiskard enthusiastisch lobte. Davon hat sich jedoch nur ein später von Kleist rekonstruiertes Fragment mit etwas mehr als 500 Versen erhalten; das ursprüngliche Manuskript wurde von ihm selbst enttäuscht vernichtet, weil es seinen eigenen Ansprüchen nicht genügte. Mit der Figur des charismatischen, an der Pest erkrankten Herrschers wollte Kleist u. a. das Problem der Legitimation der Macht gestalten: Guis-

---

1 hier: auf ein zu enthüllendes Geschehen bezogen, das der eigentlichen Handlung vorausliegt

kard hat sein Amt, für das nun ein Nachfolger zu finden sein wird, durch einen Gewaltakt erlangt.

Seine Pläne, sich als Dramatiker einen Namen zu machen und öffentliche Anerkennung zu verschaffen, verfolgte Kleist mit heftigem Ehrgeiz. Seine Enttäuschung über das Scheitern des Guiskard-Dramas spiegelt sich deutlich in den Briefen des Sommers 1803. In ihnen begründet er seinen Versuch, der französischen Armee beizutreten – was ihm als ehemaligem preußischen Offizier verboten war – und an der Landung in England teilzunehmen, mit dem Wunsch, in der Schlacht zu sterben.

Insgesamt ist über Kleists Leben in den nächsten Monaten trotz neuer Quellenfunde in jüngster Zeit nur wenig bekannt; fassbarer wird seine Biographie erst wieder mit dem Aufenthalt in Berlin seit dem Sommer 1804. Hier bemühte sich Kleist um einen Posten im preußischen Staatsdienst. Im Finanzministerium fand er schließlich seine erste und einzige feste Anstellung seit dem Abschied aus dem Militär; seit Mai 1805 arbeitete er bei der Domänenkammer in Königsberg. Während dieser Amtszeit begann er die Arbeit an der Erzählung *Michael Kohlhaas* sowie an dem Drama *Penthesilea* und überarbeitete den *Zerbrochnen Krug*. Ein gutes Jahr nach seiner Ankunft in Königsberg gab Kleist den Staatsdienst endgültig auf. Im Januar 1807 wurde er auf dem Weg nach Berlin unter dem Verdacht der Spionage verhaftet und in französische Kriegsgefangenschaft gebracht. Während seiner Haft hatte er einige Bewegungsfreiheit und konnte weiter an seinen schriftstellerischen Projekten arbeiten. In dieser Zeit erschienen sein Drama *Amphitryon* und die Erzählung *Jeronimo und Josephe* (später: *Das Erdbeben in Chili*) im Druck.

Nach der Entlassung aus der Kriegsgefangenschaft lebte Kleist knapp zwei Jahre in der sächsischen Hauptstadt. Sein Plan, gemeinsam mit Freunden in Dresden eine Buchhandlung zu eröffnen, scheiterte an der fehlenden notwendigen offiziellen Genehmigung. Kleist hatte gehofft, als Buchhändler mit der französischen Regierung zusammenarbeiten und den *Code Napoléon* verlegen zu können, was sicherlich beträchtlichen finanziellen Gewinn bedeutet hätte. Stattdessen beabsichtigte er nun, als freier Schriftsteller zu leben. Gemeinsam mit Adam Müller gab er seit Januar 1808 zunächst im Selbstverlag den *Phöbus. Ein Journal für die Kunst* heraus. Mit dieser anspruchsvollen Zeitschrift versuchten die Herausgeber, Poesie, Philosophie und bildende Kunst auf hohem Niveau zu verbinden, und hofften, freilich vergeblich, auf die Mitarbeit prominenter

Autoren. Kleist nutzte den *Phöbus* zur Publikation eigener Texte, u.a. von Teilen der *Penthesilea* und der gesamten *Marquise von O...* Gerade diese Texte riefen wegen ihres »anstößigen Inhalts« jedoch bei den ohnehin zumeist skeptischen Lesern der Zeitschrift Unverständnis und offene Ablehnung hervor. Überhaupt fand der *Phöbus* nicht das erhoffte Echo, die Herausgeber gerieten in finanzielle Schwierigkeiten, mussten einen fremden Verleger suchen und stellten die Zeitschrift nach einem Jahr ein. In Kleists Dresdner Zeit fällt auch die missglückte Uraufführung des *Zerbrochnen Krugs* durch Goethe, der das Stück am Weimarer Hoftheater wenig bühnenwirksam inszenierte. Damit war für Kleist die erhoffte Annäherung an den Weimarer Kreis gescheitert; enttäuscht bedachte er Goethe im *Phöbus* mit bissigen Spottversen.

Im Winter 1808 schloss Kleist sein Drama *Die Hermannsschlacht* ab, das den historischen Cheruskerfürsten Hermann in seinem bedingungslosen Kampf gegen die verhassten Römer zeigt und das sich gleichzeitig mühelos auf die aktuelle Situation Deutschlands zur Zeit der Napoleonischen Kriege beziehen lässt. Das Drama demonstriert die Möglichkeit, den politischen Gegner durch ein militärisches Zweckbündnis zu vernichten. Eine ähnliche Koalition scheint Kleist auch für Deutschland erhofft zu haben und wollte sie offensichtlich mit seinem Drama vorbereiten helfen. Dieselbe antinapoleonische Tendenz spiegelt sich auch in Kleists agitatorischen Gedichten des Jahres 1809 sowie in seinen Plänen, eine politische Zeitschrift *Germania* herauszugeben, für die er einige Aufsätze mit politischem Inhalt verfasst hat (z.B. *Katechismus der Deutschen* oder *Über die Rettung von Österreich*).

Seit Februar 1810 lebte Kleist in Berlin, wo im selben Jahr das »große historische Ritterschauspiel« *Käthchen von Heilbronn* und der erste Band seiner *Erzählungen* mit *Michael Kohlhaas*, *Die Marquise von O...* und *Das Erdbeben in Chili* erschienen; der zweite Band folgte im nächsten Jahr mit fünf weiteren Erzählungen. Kleist hatte zunächst den von Cervantes entlehnten Titel »Moralische Erzählungen« erwogen, wählte dann aber doch die allgemeinere Gattungsbezeichnung. Keine seiner Erzählungen spielt in der unmittelbaren Gegenwart ihres Verfassers, die Handlung wird teils in die Vergangenheit des Mittelalters oder der Reformationszeit verlegt, teils in die räumliche Ferne Italiens oder gar Mittel- und Südamerikas. Gegenüber der zeitgenössischen Literatur nehmen diese Erzählungen eine deutliche Sonderstellung ein: Mehrfach weichen sie etwa durch die analytische Vorgangsschilderung oder durch unvollständige bzw. einander widersprechende Angaben von den erzählerischen Normen ab, die Kleists Lesern durch zahlreiche Almanacherzählungen² vertraut waren. Darüber hinaus wurde das Lesepublikum von der häufigen Darstellung brutaler Gewalt, der verstörenden Konsequenz im Handeln einzelner Figuren sowie der oft geradezu einer experimentellen Versuchsanordnung gleichenden Handlungsstruktur irritiert. Die Resonanz auf Kleists Erzählungen blieb entsprechend gering.

In Berlin versuchte sich Kleist erneut als Journalist: für ein halbes Jahr gab er die täglich erscheinenden *Berliner Abendblätter* heraus. Damit war ein neuer Zeitungstypus geschaffen, für den es noch kein Vorbild gab und in dem man den Vorläufer moderner Tageszeitungen sehen kann. In den *Abendblättern* veröffentlichte Kleist Informationen zum Tagesgeschehen, Stellungnahmen zum Vorgehen der Regierung, pädagogische und kunstkritische Essays (z.B. *Über das Marionettentheater*) sowie fiktionale Texte. Dazu gehörten zahlreiche Anekdoten und die Erzählungen *Das Bettelweib von Locarno* sowie *Die heilige Cäcilie*. Eine wichtige Informationsquelle für die *Abendblätter* waren zunächst die Polizeiberichte, denen Kleist interessante und fesselnde Einzelheiten über Berliner Ereignisse – z.B. aktuelle Brandstiftungen – entnehmen konnte. Die Weitergabe polizeilicher Nachrichten wurde jedoch von der Regierung verboten, so dass der Platz für Kleists eigene Texte in den *Abendblättern* zunahm.

Nachdem seine Tageszeitung aufgehört hatte zu erscheinen, fand Kleist für sich keine neue Aufgabe. Als Dramatiker, Erzähler und Journalist war ihm niemals die öffentliche Anerkennung zuteilgeworden, die er sich erwünscht und erhofft hatte. Von keinem seiner Theaterstücke hatte er eine Aufführung miterlebt, seine Dramen *Die Hermannsschlacht* und *Prinz Friedrich von Homburg* wurden erst nach seinem Tod veröffentlicht, so dass gerade die politische Seite seines Schaffens seinen Zeitgenossen unbekannt bleiben musste. Immer wieder zweifelte Kleist an seinem schriftstellerischen Vermögen, seine verschiedenen Lebensentwürfe hatte er nicht dauerhaft verwirklichen können.

---

2 Almanach: periodische, meist einmal im Jahr erscheinende Schrift, in Kleists Zeit v. a. Kalender

Seinen Tod und den von Henriette Vogel plante er detailliert voraus und vollzog seine Selbsttötung, wie es im Abschiedsbrief an Ulrike heißt, mit ›unaussprechlicher Heiterkeit‹ (2,887)³. Kleists Leben und Werk wurden über lange Zeit vor allem von diesem schockierenden Ende her betrachtet.«

>Kompaktwissen. Heinrich von Kleist. Von Sabine Doering. Durchges. und bibliogr. aktual. Ausg. Stuttgart: Reclam, 2009. (Universal-Bibliothek. 15209.) S. 12, 14–20.

---

3 Heinrich von Kleist, *Sämtliche Werke und Briefe*, von Helmut Sembdner, 2 Bde., 9., verm. und rev. Aufl., München 1993.

4. Erdbeben als Ereignis

4.1 Erdbeben heute: Japan 2011

»*Augenzeugenberichte vom Beben: ›Autos sprangen über die Straße‹*

Japan wurde vom schwersten Erdbeben seiner Geschichte erschüttert. Das Epizentrum lag 130 Kilometer östlich von Sendai und knapp 400 Kilometer nordöstlich der Hauptstadt Tokio. Der Erdstoß der Stärke 8,8 hat einen Tsunami ausgelöst, eine gewaltige Flutwelle überspülte die Ostküste der Hauptinsel Honshu. Zurzeit ist es nahezu unmöglich, per Telefon oder Internet Kontakt in die von der Flutwelle getroffene Küstenregion zu bekommen – Telefonleitungen sind tot, Internetseiten zusammengebrochen. Aus den vom Erdbeben erschütterten Gebieten dringen hingegen vereinzelte Augenzeugenberichte durch. [...]

›Viele Leute sind verängstigt, weil sie ein solch starkes Beben noch nie erlebt haben‹, schreibt Kenji Kanagawa, der das Beben in Tokio erlebte, in einer E-Mail an SPIEGEL ONLINE. ›Viele Menschen halten sich draußen auf den Straßen und in den Parks auf‹, berichtet der 25-jährige Deutsch-Japaner, der in Tokio studiert. ›Wir haben hier viele Erdbeben und die Menschen sind daran eigentlich gewöhnt. Aber dieses war wirklich heftig und beängstigend.‹

›In meiner Wohnung sind Gläser kaputtgegangen, und meine Bücherwand ist umgefallen‹, so Kanagawa. Es habe noch stundenlang kleinere Nachbeben im Minutentakt gegeben, allein in Tokio hätten Millionen Menschen keinen Strom. ›Es gibt einige Feuer in Tokio und einige kleinere Schäden‹, so Kanagawa. Handys funktionierten nur noch eingeschränkt: Man könne SMS senden, aber jemanden anzurufen, sei fast unmöglich. [...]

Auch Jon Ellis kann über das Handy-Netz niemanden erreichen. Der britische IT-Spezialist, der rund 20 Zugminuten westlich von Tokio lebt, kommuniziert über sein Smartphone per E-Mail. [...] ›Das Beben begann ganz langsam und baute sich dann immer weiter auf‹, berichtet Ellis. Nach rund einer Minute habe die Erde so stark gebebt, dass er mit seiner Frau auf die Straße gerannt sei. ›Es war fast unmöglich zu stehen. Die parkenden Autos sprangen regelrecht herum‹, schreibt der Engländer. [...]

In dieser Notsituation beweisen die Japaner Ruhe und Pragmatismus. ›Die Menschen sind ziemlich unaufgeregt und treffen Vorkeh-

Abb. 1: Die Stadt Miyako (Präfektur Iwate) an der Sanriku-Küste, am Tag des Erdbebens

rungen‹, berichtet Ellis nach einem Einkauf im örtlichen Lebensmittelladen. ›Der Laden war voll mit Menschen. Alle kaufen Vorräte für den Notfall: Essen, Wasser, Batterien.‹ [...]

Das Beben hat in den Metropolen den Verkehr in weiten Teilen lahmgelegt. U-Bahnen steckten teilweise stundenlang fest. Alle Straßen, die aus Tokio herausführen, sind verstopft. Inzwischen machen sich Tausende Pendler zu Fuß auf den Weg. Entweder sie laufen nach Hause oder sie müssen in Büros oder Hotels übernachten.

Irina Scheibal erlebte das Beben auf der Insel Oshima vor der Bucht von Tokio. ›Es hat gerüttelt und gewankt, bis jetzt – über ein Stunde danach – hört es nicht auf. Viele stärkere Nachbeben sind darunter‹, so die deutsche Auswanderin. Sie schleiche immer wieder ins Haus und renne dann hinaus. ›Mit den wichtigsten Sachen unter dem Arm.‹ Scheibal berichtet in ihrer E-Mail von brennenden Gebäuden, Menschen, die auf Dächer geflüchtet sind und hilflos auf die Wassermassen unter ihnen schauen, ganze Anlege-Piers und Autokolonnen schwämmen losgerissen in den Straßen. ›Das ist ein Ausnahmezustand – selbst für die erdbebengewohnten Japaner‹, so Scheibal.«

_{Simone Utler: Augenzeugenberichte vom Beben. »Autos sprangen über die Straße«. In: Spiegel Online. 11. März 2011. – © SPIEGEL ONLINE, 11.3.2011, http://www.spiegel.de/panorama/augenzeugenberichte-vom-beben-autos-sprangen-ueber-die-strasse-a-750345.html}

4.2 Geistesgeschichtlicher Hintergrund: Das Erdbeben von Lissabon, 1755

4.2.1 Dirk Grathoff: Überblick über die Debatte

»Das bedeutendste und meist beachtete Erdbeben des 18. Jahrhunderts war zweifellos das von Lissabon am 1. November 1755 (Allerheiligen). In allen europäischen Ländern und Sprachen erschienen Berichte über die Ereignisse des Bebens, welches so stark war, dass man seine Ausläufer und Auswirkungen noch in Nordeuropa spürte. Das Erdbeben löste eine nachhaltige, in zahlreichen Schriften ausgetragene theologische und philosophische Debatte aus und bekam durch diese öffentliche Diskussion den Rang eines weltgeschichtlichen Ereignisses für das 18. Jahrhundert, das in seinem Gewicht wohl nur mit der Französischen Revolution von 1789 vergleichbar ist. Kleist konnte gewiss sein, dass die Leser seiner Erdbebengeschichte mit den Grundzügen der Diskussion, die das Erdbeben von Lissabon nach sich zog, vertraut waren.

Als ›außerordentliches Weltereignis‹ bezeichnete Johann Wolfgang Goethe einige Jahre später (1811) das Erdbeben von Lissabon, auf das er in seinen Lebenserinnerungen *Dichtung und Wahrheit* (1. Teil, 1. Buch) selbstverständlich zu sprechen kam. Was Goethe als Erinnerung eines Sechsjährigen beschreibt, ist freilich mehr eine abgeklärte Zusammenfassung, geschrieben aus der geschichtlichen Distanz und mit Rücksicht auf die nachfolgende öffentliche Diskussion. [...]

Die theologische und philosophische Debatte kreiste um die Frage, die auch Goethe rückblickend stellte, ob und wie sich das Erdbeben als Ausdruck des göttlichen Willens verstehen lasse. Diese Frage hatte schon der aufgeklärte Bischof von Santiago, Gaspar de Villarroel, anlässlich des dortigen Bebens ins Zentrum seiner theologischen Erörterungen gestellt – und sie zurückgewiesen, was zustimmend in der Diskussion um das Erdbeben von Lissabon zitiert wurde. [...] Ereignisse wie das Erdbeben von Lissabon waren dazu angetan, die Bemühungen um eine Theodizee, also den Versuch einer Rechtfertigung Gottes trotz des in der Welt vorhandenen Übels, ebenso zu provozieren wie zu erschüttern. Von deutscher Seite aus war vor allem der Philosoph Gottfried Wilhelm Leibniz mit seinen Essays zur *Theodizee* (1710 zuerst französisch erschienen; der Begriff ›Theodizee‹ wurde von Leibniz geprägt) an der theoretischen Begründung einer philosophischen Doktrin[4] beteiligt, die die bestehende Welt als beste aller möglichen Welten erklären will und das vorhandene partikulare[5] Übel im Zusammenhang eines größeren Ganzen relativiert. Diese philosophische Lehre des ›Optimismus‹, die insbesondere noch von Alexander Pope in dem Poem *An Essay on Man* (1733–34) vertreten wurde, geriet im Anschluss an das Erdbeben von Lissabon ins Kreuzfeuer der Kritik.«

> Erläuterungen und Dokumente. Heinrich von Kleist: Das Erdbeben in Chili. Reclam: Stuttgart, 2010. (Universal-Bibliothek. 8175.) S. 53, 55 f.

4.2.2 Johann Georg Zimmermann: *Die Ruinen von Lissabon*

Der Schweizer Arzt und Schriftsteller Johann Georg Zimmermann (1728–1795) vertritt in seiner kleinen Schrift *Die Ruinen von Lissabon*, nur einen Monat nach dem Ereignis geschrieben, eine traditionell »straftheologische« Interpretation des Erdbebens:

> »Wann[6] brausend über uns ein schreckendes Getös
> Das Reich der Luft erfüllt; wann auf den Wirbelwinden
> Durch das erstaunte Land, Tod und Zerstörung fliegt;
> Wann aus dem Strahlen-Feur des Richters Arm sich strecket,
> Und drohend sich umher gestürzte Felsen drehn;
> Wann vor der Wolken Kampf der Berge Spitzen fliehen;
> Wann der Orkane Wut, in feierlichem Klang,
> Der Äther[7] wiederholt; wann tiefer Fluten Heere,
> Bis an den Himmel fliehn; wann sich in jeder Kraft,
> Die in der Dinge Stoff, den Trieb zum Leben zeuget,
> Das End der Schöpfung mahlt; dann fähret die Natur,
> So weit die Schöpfung geht, in bangem Schaur zusammen;
> Dann kehrt ein gottlos Volk, zerschlagen, in sich selbst;
> Dann brechen Tränen aus; dann gehn die Tempel auf;
> Dann hebt die Buße an; dann rauchen die Altäre;
> Dann schlägt man auf die Brust; dann wird der Priester fromm;
> Dann schämen Heuchler sich; dann wird der Sünder heilig,
> Der in dem Tal der Ruh den Herrn der Welt misskennt.

---

4 verfestigte, starre Lehre
5 nur einen Teil bzw. eine Einzelheit betreffende
6 wenn
7 Himmelsweite

O Mensch! lass Städte nicht, und Länder untergehn,
Eh allzuspät die Reu dein Innerstes durchnaget;
Der Glaube, der allein aus der Verzweiflung fließt,
Gefällt dem Schöpfer nicht; und zörnet Er nicht immer,
So soll sein Name doch bei dir stets Schrecken sein.
Der GOtt, der donnernd redt, und unzählbare Welten
Mit einem Blitz durchdringt, belebt den sanften Hauch
Des kühlenden Zephirs[8]; Er herrschet in dem Duft
Des bunten Veilgen Tals[9]; und strahlt aus dem Gewässer,
Das rieselnd durch die Flur einsamer Auen rinnt.
Lass heilge Seufzer dann zu dessen Throne dringen,
Der dort im Feuer zürnt, und hier dich segnend lehrt:
Auch deine Stunde eilt dahin auf schnellen Schwingen;
Merk auf den Schall, der stets dir zur Bekehrung ruft:
Ergreif den Augenblick – – – schon dieser ist verschwunden,
Und nähert dich und mich der ernsten Ewigkeit.«

> Johann Georg Zimmermann: Die Ruinen von Lissabon. Zürich: Ziegler, 1755. [Auszug, S. 3f.] [Orthographie wurde modernisiert.]

4.2.3 Voltaire: »Gedicht über die Katastrophe von Lissabon«

Der französische Philosoph Voltaire (1694–1778) wendet sich mit seinem »Gedicht über die Katastrophe von Lissabon« (*Poème sur le désastre de Lisbonne*) gegen einen philosophischen Optimismus (»Alles ist gut«), der selbst solche Ereignisse und das dadurch verursachte menschliche Leid noch verharmlost, und fordert eine skeptische Haltung:

»Getäuschte Philosophen, die rufen: *alles ist gut.*
Kommt her, seht die furchtbaren Ruinen,
Die das Elend bezeugenden Trümmer, Überreste und Aschehaufen,
Die Frauen, die Kinder, einer über dem anderen liegend,
Die unter Marmorstücken zerstreuten Glieder:
Hunderttausend Unglückliche, die die Erde verschlingt,
Die blutend, zerrissen und noch zuckend
Unter ihrem Dach begraben, ohne Hilfe

---

8 griechische Windgottheit
9 Veilchen-Tals

In den entsetzlichsten Qualen ihre jammervollen Tage beenden.
Sagt ihr zu den unartikulierten Schreien ihrer versagenden Stimmen,
Zu dem schrecklichen Schauspiel ihrer brennenden Überreste,
Dies sei die Wirkung der ewigen Gesetze,
Die von einem freien und guten Gott notwendig diese Wahl herausfordern?
Sagt ihr beim Anblick dieser vielen Opfer:
Gott hat sich gerächt, ihr Tod ist der Preis für ihre Verbrechen?
Welches Verbrechen, welchen Verstoß haben diese Kinder begangen,
Die auf dem Schoß ihrer Mutter zerschmettert sind und verbluten?
Gab es in Lissabon, das nicht mehr ist, mehr Laster
Als in London, in Paris, wo man sich ins Vergnügen stürzt?
Lissabon ist versunken und man tanzt in Paris.
[...]
Also leiden alle Teile der Welt an ihr;
Alle sind geboren, um zu leiden, einer nach dem anderen gehen sie zugrunde:
Und ihr wollt in diesem fatalen Chaos
Das Unglück jedes Einzelnen ein allgemeines Glück nennen?
Was für ein Glück! oh wie sterblich, schwach und elend es ist!
Ihr ruft mit kläglicher Stimme: *alles ist gut*,
Doch das Weltall straft euch Lügen und euer eigenes Herz
Hat sich hundert Mal gegen den Irrtum eures Geistes gewehrt.
Elemente, Tiere und Menschen – alles liegt miteinander im Krieg.
Man muss es bekennen: das Übel ist in der Welt:
Seinen verborgenen Ursprung können wir nicht erforschen.
Sollte das Übel vom Schöpfer alles Guten gekommen sein?
[...]
Die Natur ist stumm, man befragt sie vergeblich.
Man braucht einen Gott, der zu den Menschen spricht.
Es fällt allein ihm zu, seine Schöpfung zu erklären,
Den Schwachen zu trösten, den Weisen aufzuklären.
Der Mensch ist ohne ihn im Zweifel, im Irrtum und verlassen,
Sucht vergeblich den rettenden Strohhalm.
[...]

Unsere Hoffnung ist, dass *eines Tages alles gut sein wird*;
Dass schon heute alles gut sei, ist Illusion.
Die Weisen haben mich getäuscht, und GOTT allein hat recht.«

> Voltaire: Poème sur le desastre de Lisbonne en 1755. In: Œuvres complètes de Voltaire. Bd. 12. Gotha: Ettinger, 1785. S. 118–124. – Übers. von Hedwig Appelt in: Erläuterungen und Dokumente. Heinrich von Kleist: Das Erdbeben in Chili. Reclam: Stuttgart, 2010. (Universal-Bibliothek. 8175.) S. 58–60.

Das Thema sollte Voltaire übrigens auch später nicht loslassen: In seinem Roman *Candide oder der Optimismus* (*Candide ou l'optimisme*, 1759) setzt der Autor seinen jungen Titelhelden einer Kette von Unglück und Katastrophen aus, gegen die der gutherzige und einfältige Candide, angeleitet von seinem Lehrer, dem Optimismus-Philosophen Pangloss, unverdrossen die Parole von der »besten aller Welten« aufrechterhält.

4.2.4 Jean-Jacques Rousseau: Brief an Herrn von Voltaire, 18. August 1756

Voltaire zerstritt sich über diese Frage mit dem bekanntesten Philosophen der nächsten Generation, Jean-Jacques Rousseau (1712–1778). Dessen Position, dem Erdbeben von Lissabon eine menschengemachte Dimension zuzuschreiben, gilt es stets im Auge zu behalten, wenn man sich mit dem Rousseau-Leser Kleist beschäftigt:

»Ohne Ihren Gegenstand von Lissabon zu verlassen, gestehn Sie mir zum Beispiel, dass nicht die Natur zwanzigtausend Häuser von sechs bis sieben Stockwerken zusammen gebaut hatte, und dass, wenn die Einwohner dieser großen Stadt gleichmäßiger zerstreut und leichter beherbergt gewesen wären, so würde die Verheerung weit geringer und vielleicht gar nicht begegnet sein. Bei der ersten Erschütterung würde alles geflohen sein, und des Morgens darauf hätte man sie, auf zwanzig Stunden von da, ebenso munter gesehen, als ob nichts begegnet wäre; allein man muss bleiben, man muss um diese Trümmer herum sich verweilen, man muss sich neuen Erschütterungen bloßsetzen, weil das, so¹⁰ man daselbst zurücklässt, kostbarer ist, als das, so man mit sich nehmen kann. Wie viel Un-

10 hier: das, welches

glückliche sind nicht bei diesem Unfall umgekommen, weil der eine seine Kleider, der andere seine Papiere, ein anderer sein Geld retten wollte? Weiß man nicht, dass die Person jedes Menschen der geringste Teil seines Selbsts geworden ist und dass es sich beinahe nicht der Mühe lohnt, sie zu retten, wenn man alles Übrige verloren hat?

Sie hätten gewünscht, und wer hätt' es nicht mit Ihnen gewünscht?, dass dieses Erdbeben eher mitten in einer Wüste als in Lissabon geschehen wäre. Lässt sich zweifeln, dass es auch in Wüsteneien Erdbeben gebe? Allein wir reden nicht davon, weil sie den Herren in den Städten nichts schaden, die einigen Menschen, die wir unserer Bemerkung wert achten; selber den Tieren und den Wilden, die zerstreut in einsamen Gefilden wohnen und die weder den Fall der Dächer noch den Einsturz der Häuser fürchten, schaden sie wenig. Allein was würde ein solches Vorrecht bedeuten? Sollte es sagen wollen, die Ordnung der Welt soll nach unserm Eigensinn sich ändern, die Natur soll unsern Gesetzen unterworfen sein, und um ihr an irgendeinem Orte ein Erdbeben zu verbieten, dürfen wir nur eine Stadt darauf bauen?

[...] Ich meinerseits sehe allenthalben, dass das Elend, dem uns die Natur unterwirft, weit weniger grausam ist, als das, so wir selber hinzutun.«

> Jean-Jacques Rousseau: Kleine Schriften. Aus dem Französischen. Tl. 1. Heidelberg. Gebrüder Pfähler, 1779. S. 306–309. [Orthographie wurde modernisiert.]

4.2.5 Gerhard Lauer: »Keine Zäsur für die Menschheit«

Es ist ein Stereotyp geworden, das Erdbeben von Lissabon habe wahrhaft einschneidende geistesgeschichtliche Bedeutung gehabt. Doch es gibt auch neuere Stimmen, die diesen starken Zusammenhang anzweifeln. Der Literaturwissenschaftler Gerhard Lauer vertritt in einem Interview mit der norddeutschen Mediengruppe *Kreiszeitung* (16. März 2011) diese neue Sicht auf das Erdbeben von Lissabon 1755 und vergleicht es mit jenem in Japan 2011.

Lauer verweist darauf, dass über das Ereignis zwar in fast allen Zeitungen Europas berichtet worden sei und auch Voltaire als führender Intellektueller dieser Zeit es in seinen Schriften thematisiert habe. Doch der Auffassung späterer Literatur- und Kulturwissenschaftler, diese Naturkatastrophe sei zum Wendepunkt der abendländischen Kultur geworden, kann er nicht zustimmen: »Betrachtet man die Gesamtsumme der damaligen Publikationen, so lässt sich diese These nicht aufrechterhalten.«

Tatsächlich sei das Interesse am Erdbeben von Lissabon schon bald wieder erloschen und außerdem vom Ausbruch des Siebenjährigen Kriegs 1756 überlagert worden. »Die Grundlinien des gesellschaftlichen Diskurses im 18. Jahrhundert – Theodizee einerseits, Straftheologie andererseits – sind nach dem Erdbeben von Lissabon nahezu unverändert geblieben.« Ein grundlegendes Umdenken habe nicht stattgefunden; erst rückwirkend würden solche Ereignisse gern zu »Wegmarken der Geschichte« stilisiert.

Auch im Hinblick auf das japanische Erdbeben 2011 und die folgende Nuklearkatastrophe im Atomkraftwerk von Fukushima seien lediglich Haltungen bestätigt worden, die wir bereits vorher eingenommen hätten: dass Atomkraft zu gefährlich sei. Lauer: »Und darin besteht die bittere Erkenntnis für die Opfer solcher Katastrophen: Dass wir sie immer wieder für unsere Überzeugungen instrumentalisieren.«

4.3 Das Erdbeben in Chile von 1647

Aus welchen Quellen Kleists Kenntnisse über Chile und das Erdbeben von 1647 genau stammen, bleibt ungeklärt. Doch alle Berichte über das Erdbeben, die bis zur Zeit Kleists erschienen, müssen letztlich auf den erstmals 1656/57 erschienenen Augenzeugenbericht des Bischofs von Santiago, Gaspar de Villarroel, die »Relación del terremoto que assoló la ciudad de Santiago de Chili« zurückgehen, die von einem englischen Forscher ausgewertet wurden:

»Das Erdbeben begann am 13. Mai 1647 um 10.37 Uhr nachts. Alle Gebäude Santiagos brachen augenblicklich zusammen – so dass man den Lärm des Erdbebens nicht von dem der einstürzenden Gebäude unterscheiden konnte. Die Erschütterung dauerte etwa zwölf Minuten; während dieser Zeit war der Himmel fast gänzlich durch Staubwolken verdunkelt, nur gelegentlich drangen schwache Strahlen des Mondscheins hindurch. Der Lärm war so groß, dass man ihn noch 50 Meilen entfernt an den Cordilleren[11] hören konnte, und so-

[11] anderer Name für die Anden

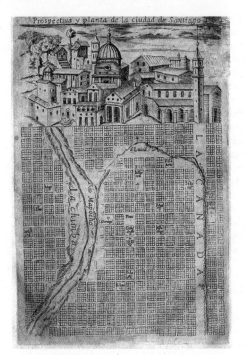

Abb. 2: Santiago de Chile vor dem Erdbeben von 1647. Karte und Stadtansicht des Alonso de Ovalle, 1647

Abb. 3: Santiago de Chile kurz nach der Zeit Kleists. Lithographie von Thomas Mann Baynes nach John Miers, 1826

Abb. 4: Santiago de Chile heute

gar die aufgeklärtesten Einwohner von Santiago dachten, das Jüngste Gericht sei über sie gekommen.

Die eindrucksvolle Kathedrale, die – was ihren architektonischen Rang betrifft – ohnegleichen in den beiden Amerikas[12] war, stand unerschüttert mit ihrem Mittelschiff und einem Teil der Sakristei, doch der Rest wurde zerstört. Die anderen Kirchen und Klöster in der Stadt, einschließlich der Dominikanerkirche, hatten weniger Glück. Alle lagen in Trümmern, mit Ausnahme der Kirche, die dem heiligen Santurnino[13] geweiht war, der seither als Schutzheiliger der Stadt angesehen wurde, weil seine Kirche als Einzige verschont blieb.

Nach dem ersten Schock der Katastrophe fingen die Stadtbewohner an, sich durch die beiden einzigen unversperrten Straßen zu der zentralen Plaza durchzuzwängen. Während der ganzen Nacht kam es immer wieder zu Beben, und übelriechende Wasser und große Mengen von Sand schossen aus Spalten in der Erde hervor, obwohl Santiago 10 bis 12 Meilen vom Ozean entfernt liegt. Während der Nacht liefen 40 oder 50 Priester in der Menge umher, nahmen die

12 Nord- und Südamerika
13 heiliger Saturninus von Toulouse (gest. nach 257)

Beichte ab und erteilten die Letzte Ölung. Gegen Morgengrauen feierten der Bischof und der übrige Klerus eine fortdauernde Messe an einem improvisierten Altar auf der Plaza. In der Nacht des 14. Mai wuchsen Angst und Schrecken der Bevölkerung bis zu einem solchen Grad, dass der Bischof anfing, im Friedhof der Kathedrale zu predigen, um die Leute zu beruhigen. Seine Predigt dauerte eineinhalb Stunden. Trotz der Schwachheit seiner Stimme und seines stark angegriffenen Gesundheitszustandes erzählte man später, dass er noch aus der Entfernung von mehreren Blocks deutlich zu hören war.

Viele der Leute verstanden den Bischof dahingehend, ›dass Gott bereits besänftigt sei durch das große Ausmaß der Reue, das die Bevölkerung der Stadt schon an den Tag gelegt hätte; dass er wisse, dass die Strafe im Vergleich zu den Sünden der Menschen zwar recht gering, dabei als solche aber doch streng gewesen sei; und dass Gott bereits erreicht hätte, was er beabsichtigte, nämlich ihre Trauer und Reue‹. In Wirklichkeit aber wiesen die Worte des Bischofs jedwede Vorstellung von Bestrafung oder Besänftigung gänzlich zurück. Er stellte unzweideutig fest, dass das Erdbeben kein verlässlicher Beweis für Gottes Zorn sei. In seinem nachfolgenden Buch widmete er 12 Seiten der Rechtfertigung der theologischen Ansicht, dass große Katastrophen, die massenhaftes Leid hervorrufen, oft dazu bestimmt seien, eher als Prüfung für Gottes Volk denn als Bestrafung zu wirken. [...]

Der Bischof zählte eine Reihe von übernatürlichen und wundersamen Begleiterscheinungen des Bebens auf, von denen seinerzeit berichtet wurde, die er allesamt als Lügen oder Produkte der Einbildungskraft bezeichnete: unmittelbar vor dem Beben gebar eine Indianerin 3 Knaben, von denen einer die Katastrophe vorhersagte; ein Kruzifix sprach streng zu einem Kirchendiener; das Christusbildnis in der St. Augustin-Kirche kehrte sein Gesicht dreimal um; eine Indianerin sah einen Feuerring durch das Rathaus laufen; und in den umliegenden Bergen wurden die Stimmen von Dämonen, Trommeln und Trompeten, Gewehrfeuer und der Zusammenprall zweier Armeen gehört.«

> Zit. nach: Alfred Owen Aldridge: The Background of Kleist's *Das Erdbeben in Chili*. In: arcadia. Zeitschrift für vergleichende Literaturwissenschaft 3 (1968) S. 175–177. Übers. von Dirk Grathoff in: Erläuterungen und Dokumente. Heinrich von Kleist: Das Erdbeben in Chili. Reclam: Stuttgart, 2010. (Universal-Bibliothek. 8175.) S. 40–42.

4.4 Das Erdbeben als mediales und literarisches Spektakel

Abb. 5: Das Erdbeben von Lissabon, 1755. Zeitgenössischer Kupferstich

In den letzten Jahren hat die Kleist-Forschung zunehmend herausgearbeitet, wie weitgehend Kleist auf die Berichterstattung und Darstellungstradition von Erdbeben zurückgriff. Gerade das Erdbeben von Lissabon war auch jenseits der anspruchsvollen geistesgeschichtlichen Debatte ein Medienereignis, das die Sensationsgier des Publikums befriedigte. Welche Schriften Kleist tatsächlich gekannt hat, konnte bis heute freilich nicht rekonstruiert werden.

4.4.1 »Briefe aus Lissabon« im *Hannoverischen Magazin*

Noch 1779 erschien in einem deutschen Magazin eine – wohl in weiten Teilen fiktionale – »Briefinszenierung« des Erdbebens von Lissabon. Ein angeblicher Mitarbeiter eines Handelshauses namens Nath zählt lebhaft und detailliert Bilder und Situationen auf, die das Szenario der Verwüstung, des Todes, des Leidens und der Verwirrung in den ersten Stunden nach dem Erdbeben beschreiben:

»Darauf eilten wir wieder nach der Rocie, welche von Menschen wimmelte; einige gingen ganz nackend, andere in Nachtkleidern, worunter wohl viele Bekannte mögen gewesen sein, die ich aber jetzt nicht kannte. Wo man sich nur hinwandte, erblickte man Menschen, denen bald die Arme, bald die Beine zerbrochen, bald der Kopf eingedruckt, bald die Brust gequetscht war, ja einige Weiber wurden unter solchem Getümmel vor Angst von Geburtsschmerzen überfallen, und lagen da bloß und gebaren vor jedermanns Augen. [...] Der Mann rief ängstlich und suchte seine Frau; diese ihren Mann, und beide jammerten über ihre Kinder! die Priester hörten bei gefährlich Verwundeten Beichte und erteilten die Absolution; und überall hörte man aus aller Munde erschallen: *Misericordia! Misericordia!*[14]«

> Hannoverisches Magazin. 64. Stück. 9. August 1779. Erster Brief. An Herrn Q. in Campo. Sp. 1013 f. Zit. nach: Maria Manuela Gouveia Delille: Eine Briefinszenierung über das Erdbeben in Lissabon. In: Das Erdbeben von Lissabon und der Katastrophendiskurs im 18. Jahrhundert. Hrsg. von Gerhard Lauer und Thorsten Unger. Göttingen 2008. S. 53–74, hier S. 64 f. [Orthographie wurde modernisiert.]

4.4.2 Johann Rudolph Anton Piderit: *Freye Betrachtungen über das neuliche Erdbeben zu Lisabon*

Auch der Theologe Johann Rudolph Anton Piderit (1720–1791) nutzte in seinen *Freyen Betrachtungen über das neuliche Erdbeben zu Lisabon* (1756) die rhetorische Figur der »Evidentia« zu einer Zusammenführung von Schreckensmomenten. Ein alter Mann überbringt einer Gruppe verängstigter Portugiesen die Nachricht vom Untergang der Königsstadt:

»Stellet euch, ihr Nachkommen, den Schrecken für, welchen das Donnern und Rasseln derer in Menge einfallenden Gebäude, wie ein Feuer in unsere Knochen gebracht. Hier quetschte eine Kirche viel hundert Köpfe; dort rang eine Menge unter dem Schutt, mit der schmerzlichsten Todes-Angst. Dort tönete ein klägliches Toten-Geschrei durch Stein und Erden hindurch, und niemand war im Stand, denen Unglücklichen, die mit sich selbst rungen, zu Hülfe zu kommen. Dort nagete sich ein Verunglückter Fleisch und Nägel bis auf die Knochen ab, um aus der finstern Hölle sein armes Leben zu erbeuten, und es half doch zu nichts anders, als dass er sein eigener Totengräber wurde, der sich mit seinen Händen die Stelle zu seinem Grabe zurecht machte. Dort lagen die Säuglinge tot an den Brüsten

14 (lat.) Barmherzigkeit

ihrer Mütter: dort sahe man noch einen an der toten Brust liegen,
der aber sein Ende, unter den Füßen derer, nach ihrer Rettung eilenden Menschen sehr erbärmlich erhielte, und diejenige[n], welche
solche meinten gefunden zu haben, fanden entweder unter ihren
Füßen einen sie gleichsam verfolgenden Geist, der sie in dieser Gegend nicht mehr leiden wollte: oder sie stunden in der Gefahr, von
dem Tagus[15], welcher noch zorniger als die Erde schien und sein
Haupt recht fürchterlich gegen Lissabon aufhub, verschlungen zu
werden: oder sie liefen mit offenen Augen in die Flamme, welche
dasjenige auffraß, was das Erdbeben übrig ließ. So dass wir wohl
sagen können, wir seien an diesem Tage von allen Elementen verfolget worden: maßen[16] auch selbst die Luft uns nicht zum Vorteil
werden können, sondern ein jeder, welcher in der Stadt war, in der
Furcht stehen müssen, dass er von der durch Staub und Asche fast
unbeweglich gemachten Luft stehenden Fußes sein Ende finden
würde.

> Johann Rudolph Anton Piderit: Freye Betrachtungen über das neuliche Erdbeben zu Lisabon und anderen Oertern welches zugleich nach den nothwendigsten Umständen beschrieben wird. Marburg: Müller und Weldige, 1756.
> S. 151 f. [Orthographie wurde modernisiert.]

4.4.3 Friedrich Theodor Nevermann: *Alonzo und Elvira*

Spannend ist überdies, dass ein mögliches literarisches Vorbild für
Kleists *Erdbeben in Chili* aufgefunden wurde. 1795 erschien Friedrich
Theodor Nevermanns Drama *Alonzo und Elvira, oder: das Erdbeben
von Lissabon*. Das erinnert an Kleists ursprünglichen Titel »Jeronimo und Josephe« im Erstdruck (*Morgenblatt für gebildete Stände*,
Nr. 217, 10. September 1807). Auch Stand und Stellung der Protagonisten und die Dreigliedrigkeit beider Texte weisen Parallelen auf.
Die Requisiten und Metaphern in der Szene des Wiedererkennens
am Locus amoenus sind bei Kleist wie bei Nevermann Baum, Kind,
Umarmung, Himmel. Auf die ältere Sittenschrift *Der Bienenstock*
von 1756 geht schon bei Nevermann der Handlungskern zu Beginn
des zweiten Aktes zurück. In der Darstellung des Erdbebens werden
die Parallelen zu Kleist besonders augenfällig:

15 (lat.) Tejo, durch Lissabon fließender Fluss
16 zumal, weil

»*(Der Schauplatz stellet vor, einen Ruin von starker Verwüstung. Man erblickt tote Leichen und eingefallene Mauern, unter andern auch eine umgeworfene Wiege. Viele Menschen fliehen schüchtern und schreckenvoll vorüber; worunter ein Mann mit einiger Habseligkeit untern Arm und einem Kinde an der Hand, nebst einer Frau die ein Kind an der Brust trägt; zwischen den Ruinen fährt mit Getöse ein Feuer heraus; ein an der Seite stehendes Gebäude fällt mit Krachen zusammen, so dass die Fliehenden mit Geschrei sich schnell umkehren und ihren vorigen Weg wieder nehmen. ALONZO liegt betäubt zwischen den Trümmern; im Hintergrunde fließt der Tagus mit Ungestüm vorbei, worüber es blitzet. Es ist dunkele Finsternis, die sich zuletzt in etwas aufhellet.)*
ALONZO *(sich langsam aufhebend und mit gespannter Verwunderung, die der Betäubung gleicht, umherblickend).* Wo bin ich? – Ists ein schrecklicher Traum, oder eine noch schrecklichere Wahrheit? – wo bin ich? – – – In was für Gefilde irre ich trostlos und unbewusst umher? – Bin ich noch? oder, ist es nicht mehr Alonzo? Ist dieser Augenblick eine dunkle Empfindung zwischen dem Sein und Nichtsein? – Meine Seele sucht sich selbst und findet sich nicht! Ein tötender Rauch umzieht den Himmel mit fürchterlicher Nacht! – Öde Ruinen umgeben mich! *(Er steigt verwirrt herunter.)* O Schrecken! – Hier liegen entseelte Leichen! Hier herrscht Tod und Einsamkeit. – Der Fluss dort ist von Asche und Leichnamen beschwert; er rauscht entsetzlich! – Ist es der Tagus oder der Acheron[17]? – *(Er legt die Hand auf die Brust.)* Ach! ich empfinde mich wieder. An meinen Schmerzen fühle ich, dass ich noch lebe. – [...] Alonzo! unglücklicher Alonzo! tröste dich; bald wird dich die Ewigkeit mit ihr vereinigen; überlasse dich dem heiligen Schauer der dich ergreift; überlass dich ernsthaften Betrachtungen. Siehe um dich her! – Siehe, alles ist öde! *(Nach einer ziemlichen Pause verwundernd.)* Wie? – ist dieses der Tag, auf den die Heiligen hofften? Der Tag, nach den die Märtyrer seufzten – der Tag des Gerichts? Nein – wie wäre ich allein noch übrig, wenn er es wäre? Ich leide noch, ich sehe überall Betrübnis und Furcht. – Gewiss! dies ist noch die vorige Welt. *(In lebhaften Ausdrücken.)* Nur für dich, o Lisbon! prächtiges Lisbon, für dich war es der Tag des Gerichts. Wie schnell, wie unverhofft hat er dich überfallen! – Lernt, sichere Städte, lernt, verwegene Sterb-

---

17 Totenfluss in der griechischen Mythologie

liche, wie schleunig der Himmel irdische Größe zerstört. Seht diese Ruinen und zittert. Der Ewige winkt, und Lisbon ist nicht mehr! Er wird winken und die Welten werden nicht mehr sein! [...] *(Er fällt zwischen den Ruinen ohnmächtig nieder.)*
(Elvira kömmt in einer Gondel auf den Tagus gefahren, von zwei Mädchen und zwei dienenden Sklaven, die da rudern, begleitet. Sie steiget alleine eilend aus und suchet verwildert umher; wird aber Alonzo nicht sogleich gewahr.)

ELVIRA. Hier war es, wo ich ihn zum ersten Mal erblickte! O ewig bedauernswerte Gegend! – Alonzo! – Mein Herz empfand damals viel, genoss das Glück der Menschheit – meine ganze Seele wallte dir entgegen[18]! – Ach! damals gesegneter Platz, nun bist du mit Staub und Asche bedeckt! *(Die Hände ringend. Nach einer Pause.)* Wo ist der Baum, unter welchem er zum ersten Mal mich küsste? nie ging ich ihm vorbei, ohne deiner mich zu erinnern! [...]«

<small>Friedrich Theodor Nevermann: Alonzo und Elvira, oder: das Erdbeben von Lissabon. Hamburg: Wörmer, 1795. S. 20 f., 22–24. [Orthographie wurde modernisiert.]</small>

Ganz anders als bei Kleist wird Elvira von ihrem Geliebten Alonzo im dritten Akt durch das allgemeine Chaos heimgeführt und in den Hafen der Ehe gelotst.

---

18 entgegenwallen: sich wogend nähern

5. Gewalt und Idylle in Kleists *Erdbeben in Chili*

5.1 Verbot und Reinigung

5.1.1 Zensur in Wien

In Österreich wurden Kleists *Erzählungen* 1810 verboten – insbesondere der Ausgang vom *Erdbeben in Chili* sei in »höchstem Grade gefährlich«:

»Als der Wiener Zensur 1810 der erste Teil der Erzählungen (›Michael Kohlhaas‹), ›Die Marquise O.‹ und das ›Erdbeben in Chili‹) vorlag, beantragte der Zensor Retzer ein unbedingtes Verbot, das von der Zensurhofstelle mit dem Bemerken genehmigt wurde, daß deren Gehalt, wenn auch nicht ohne Wert, doch die unmoralischen Stellen nicht vergessen machen könne, welche besonders in der Erzählung ›Das Erdbeben in Chili‹ vorkommen, deren Ausgang im höchsten Grade gefährlich sei. Ebenso wurde 1812 der zweite Teil der Erzählungen verboten, wegen der wiederholt vorkommenden Stellen, die sehr auffallend seien und alles Zartgefühl beleidigen.«
Karl Glossy. In: Jahrbuch der Grillparzer-Gesellschaft 33 (1935) S. 151 f.

5.1.2 *Monats-Rosen*: Eine Umarbeitung aus einem Unterhaltungsmedium

Vom *Erdbeben* sind im frühen 19. Jahrhundert stark verändernde, eingreifende und vereinfachte Nacherzählungen erschienen. In einer Monatsschrift wurde 1843 der Text bis zum Beginn der Predigt in der Dominikanerkirche wortgetreu nachgedruckt, der Schluss aber völlig verändert:

»Niemals schlug aus einem christlichen Dom eine solche Flamme der Inbrunst gen Himmel, wie heute aus dem Dominikanerdom zu St. Jago; und keine menschliche Brust gab wärmere Glut dazu her als Jeronimo und Josephe.

Nach dem Gottesdienste kehrte unsere Gesellschaft unter vertraulichen Gesprächen wieder zu den Ihrigen zurück. Am folgenden Tage eröffneten Jeronimo und Josephe der Gesellschaft den Entschluss ihrer Abreise nach La Conception, um von da aus sich nach Spanien einzuschiffen, wo Jeronimos mütterliche Verwandten wohnten. Allgemeine Trauer verursachte dieser Entschluss in den Gemütern der übrigen vertrauten Gesellschaftsgenossen.

Rührend war am folgenden Tage der Abschied, und unsere beiden früher Verurteilten beschleunigten ihre Abreise umso mehr, als sie beim letzten Gottesdienste erkannt und aufgegriffen worden wären, wenn nicht Don Fernando Ormez, Sohn des Kommandanten der Stadt, durch seine Vermittlung und durch sein Ansehen sie gerettet hätte.

Nach einigen Jahren unternahm Don Fernando Ormez eine Geschäftsreise nach Spanien, und erforschte bei dieser Gelegenheit den Aufenthalt der beiden Verbannten. Doch wie freute er sich, als er von diesen selbst vernahm, dass bei ihrer Ankunft in Spanien Jeronimo durch den kurz vorher erfolgten Tod seiner noch einzigen Verwandten, der Schwester seiner Mutter, als der einzige Erbe eines sehr beträchtlichen Vermögens an Geld und liegenden Gütern eingesetzt wurde. Don Fernando musste auf ihr dringendes Bitten einige Zeit bei ihnen verweilen und Zeuge ihres Glückes sein. Als einmal in seiner Gegenwart beide Eheleute, mit Dankgefühl gegen Gott in ihrem Wohlstande, beieinander saßen, da ergriff Jeronimo Josephens Hand und sagte: Wahrlich, die Überzeugung, dass begangene Fehler nicht bloß hier unserm Gewissen, sondern selbst jenseits dem entkörperten Geiste die Ruhe raub[en], soll uns nicht allein vom Bösen abschrecken, sondern wir wollen auch durch Lehre und Beispiel unsere Kinder davon abhalten.

Beide Eheleute gelobten sich dieses, und Gott schenkte ihrer guten Absicht Gedeihen. Ihre Kinder und Enkel waren gute, fromme und edle Menschen, und ihr Geschlecht blüht noch in Segen bis auf den heutigen Tag.«

> In: Monats-Rosen. Zeitschrift für Belehrung und Unterhaltung. München. Jg. 4 (1843). Bd. 2. S. 283 f. Zit. nach: Erläuterungen und Dokumente. Heinrich von Kleist: Das Erdbeben in Chili. Reclam: Stuttgart, 2010. (Universal-Bibliothek. 8175.) S. 118 f. [Orthographie wurde modernisiert.]

5.2 Kleist, Erzähler der Gewalt

5.2.1 Sibylle Lewitscharoff: Dankrede zur Verleihung des Kleist-Preises 2011

Die Schriftstellerin Sibylle Lewitscharoff (geb. 1954) führt in ihrer Dankrede anlässlich der Entgegennahme des Kleist-Preises 2011 aus, wie ihr Verhältnis zu Kleist zwischen Faszination und Abstoßung schwankt (abgedruckt im *Kleist-Jahrbuch* 2012, S. 14–19, hier S. 15). »Von seinen Werken her gesehen, war das kein gemütlicher, lieber Mensch, sondern ein tobender Berserker[19], immerzu auf Kampf gebürstet, mit dem unwahrscheinlichen Reiz begabt, seinen bösen Erfindungen ein diszipliniert verschachteltes Satzkorsett zu verpassen« – Sätze, die so dicht gedrängt ineinander gefügt seien, dass sie einander fast fräßen. Kleist war ein Meister des erzählerischen Tempos, der Verzögerung, der Hinhaltetaktik, meint die Autorin.

Ihre Sympathie für den Autor werde vor allem getrübt durch den »theatralischen Mord und Selbstmord«; beides wirke in dieser für Kleist typischen Mischung aus Härte und Weichlichkeit abstoßend auf sie. Nicht anders geht es ihr mit der »moralischen Verwilderung, die seine Texte ausdünsten«, dem wüsten Durcheinander aus Gut und Böse, das er dort anrichte, ohne mehr »den mindesten Begriff davon zu haben, dass das Böse mit Macht die Wurzel des Seins zerstört« und man ihm auch in der Literatur entgegentreten müsse.

Seine Faszination gehe aber gerade auch von diesem »Geschiebe der Satzperioden« aus, »diesem Mahlwerk des Bösen«, einer »bösen Obsession, die starren Auges Unheil auf Unheil schichtet und keinen davonkommen lässt«. Die Autorin vermutet, hätte sie Kleist noch während der Schulzeit gelesen, wäre sie wohl flammend für ihn eingetreten und hätte das unerbittlich Grausame sie angezogen. »Von den Grausamkeiten der französischen Revolution abgestoßen und zugleich genährt, atmet dieses Werk durchaus die Kaltblütigkeit des Terrors, der das Mitleid hinter sich wirft.«

5.2.2 Hans-Georg Schede: Biographische Deutung von Kleists Gewaltdarstellungen

»Die schockierende Brutalität der dargestellten Gewalt hat viele Parallelen im Werk Kleists. So bildet der bestialische Mord an einem Kleinkind, das *bei den Beinen genommen, hochher im Kreise geschwungen* und dann *an eines Kirchpfeilers Ecke zerschmettert* wird, den Gipfel eines Gewaltexzesses, auf den die Erzählung *Das Erdbeben in Chili* zuläuft. Dass Kleist sich am Ende auf die gleiche Weise umbrachte wie seine Figur Gustav[20], hat jedoch nichts mit dem Unvermögen zu tun, zwischen Literatur und Wirklichkeit zu unter-

---

19 wilder Krieger in der altnordischen Sage
20 Figur aus der Erzählung *Die Verlobung in St. Domingo*

scheiden, wie es eine Generation zuvor in der durch das Vorbild
Werthers[21] ausgelösten Welle von Selbstmorden zutage getreten
war. Vielmehr bezeugt der Umstand, dass Kleist seiner immer wieder beteuerten Todessehnsucht schließlich nachgab, gleichsam die
Authentizität der Gewaltdarstellungen in seiner Dichtung. Sie sind
vor dem Hintergrund seines eigenen Todes mehr als das zweifelhafte Kalkül[22], die Nerven des Lesers zu reizen, sondern gehören
notwendig zu Kleists pessimistischem Weltbild, das die Kehrseite
seiner idealen Ansprüche an den Einzelnen und die Gemeinschaft
ist. Die Enttäuschung über die Unzulänglichkeit alles Menschlichen
schlägt dabei in Vernichtungsphantasien um.

Kleists Gewaltdarstellungen sind Ausdruck seiner Entschlossenheit, sowohl im Leben wie auch in der Dichtung nicht vor dem Äußersten zurückzuschrecken. Diese Radikalität gehört wesentlich zu
seinem Charakterbild und ist vermutlich in ganz erheblichem Ausmaß darauf zurückzuführen, dass ihm die Erfahrung einer erfüllten
Liebe versagt geblieben ist. Kompensatorisch bricht sich in seiner
Dichtung angestautes Begehren in der Form von Gewalt Bahn. (Dieses Begehren macht sich sogar, wie bereits erwähnt, noch im Satzbau der Erzählungen bemerkbar.) Nicht von ungefähr stehen die
Gewaltexzesse in Kleists Werk immer im Zeichen unterdrückter
Sexualität, wie besonders die *Penthesilea* zeigt. Gewalt und seelische
Grausamkeit gegen sich und andere signalisieren in Kleists Leben
wie in seinem Werk eine fatale Liebeshemmung, die nichts mit Gefühlskälte zu tun hat. Vielmehr offenbart sich in ihr viel menschliche Not. Das verleiht der Gewalt in Kleists Dichtung ihren tragischen, erschütternden Charakter. Kleist spielt nicht mit der Gewalt,
sondern er teilt durch sie mit, was ihn selbst im Griff hat. Die Gewaltausbrüche bei Kleist veranschaulichen den Schrecken menschlicher Existenz, solange diese nicht durch Vertrauen und Liebe ihren
Sinn gewinnt. Das gibt ihnen ihre moralische Rechtfertigung.«

Hans-Georg Schede: Heinrich von Kleist, Reinbek b. Hamburg: Rowohlt Taschenbuch Verlag, 2008. (rowohlts monographien.) S. 128–130. – Copyright © 2008 Rowohlt Verlag GmbH, Reinbek bei Hamburg.

21 Nach dem Briefroman *Die Leiden des jungen Werthers* von Goethe, erschienen 1774.
22 Berechnung

5.2.3 Ricarda Schmidt / Seán Allan / Steven Howe: Eine Tagung zur Gewalt bei Kleist

Nach der Funktion der Gewalt in Kleists Werken fragen hingegen die Herausgeber des Tagungsbandes zu einer Konferenz, die im Kleist-Jahr 2011 speziell diesem Thema gewidmet war (Ricarda Schmidt / Seán Allan / Steven Howe, »Einleitung: Kleist und die Frage der Gewalt«, in: *Heinrich von Kleist. Konstruktive und destruktive Funktionen von Gewalt*, Würzburg 2012, S. 9–42, hier S. 10–12). Die Heftigkeit, mit der er gewalttätige Szenarien schildert, verstoße absichtlich »gegen die Konventionen und Normen der Weimarer Klassik und der sentimentalen bürgerlichen Tradition«. In seiner kompromisslosen, brutalen und nicht selten abstoßenden Ästhetik verweise sein Werk bereits auf die Avantgarde der folgenden Jahrhunderte. Er finde eine Sprache, die mit Verzögerungen, Mehrdeutigkeit, Tempo- und Perspektivenwechsel ein Gefühl für die Gebrechlichkeit der Welt vermittle und zugleich sich ihrem Gegenstand nähere »wie die Folter ihrem Opfer«. Dies werde noch verstärkt durch eine abwechselnd stillstehende, dann wieder atemlos vorangetriebene Handlung, die ihrem dramatischen Schluss zutreibt.

Dennoch seien Gewalt und Grausamkeit bei Kleist kein Selbstzweck; sie führten vielmehr zu der Frage nach dem »Ursprung und der Motivation von Gewalttaten und Konflikt«. Für Leid, das die Natur dem Menschen zufügt, gibt es keine Erklärung. Anders sei es mit dem Leid, das der Mensch dem Menschen antue. Jeronimo und Josephe entkommen zwar der Naturkatastrophe, fallen dann aber der Suche des religiös aufgepeitschten Mobs nach einem Sündenbock zum Opfer. Die Gewalt bei Kleist, so die Herausgeber des Tagungsbandes, »zeigt sich als soziologisch, anthropologisch und psychologisch begründbar und hat somit einen moralischen Charakter«.

5.3. Interpretationsansätze zum triadischen Geschichtsmodell

Der erzählerische Dreischritt aus »Beben«/»Idylle im Tal«/»Massaker« steht in vielen Interpretationen zum *Erdbeben in Chili* im Zentrum. Er verweist über die manifeste Erzählebene hinaus auf das tiefere, an Rousseau orientierte Welt- und Geschichtsverständnis Heinrich von Kleists.

Abb. 6: Die Ruhe auf der Flucht nach Ägypten. Stahlstich von Albert Henry Payne (1812–1902) nach dem Gemälde von Ferdinand Bol (1616–1680). Es ist anzunehmen, dass Kleist das Bild bei seinem Besuch in der Dresdner Gemäldegalerie im Jahr 1801 selbst gesehen hat.

5.3.1 Jochen Schmidt: Kleists Erzählung als Triptychon

»Schon im dreiteiligen Aufbau der Erzählung zeichnet sich die pessimistische Gesamtsicht der Geschichte ab. Anfangs- und Schlußteil zeigen die geschichtliche Wirklichkeit: das durch Staat und Kirche, ›Moral‹ und Religion tödlich bedrohte Dasein von Menschen, die
5 doch bloß ihren natürlichen Empfindungen leben; und am Ende die Entfesselung mörderischer Widernatur, die in der Tötung des Kindes ihren krassesten Ausdruck findet. Dagegen führt der Mittelteil des Triptychons[23] einen gleichsam ungeschichtlichen, weil aus der vorübergehenden Aufhebung aller gesellschaftlichen Fixierungen

---

23 ursprünglich ein dreiteiliges Gemälde oder Relief als Altaraufsatz, meist mit Scharnieren zum Aufklappen (Flügelaltar); später auch für Kunstwerke mit nichtreligiösen Themen verwendet, deren drei Teile eine Einheit ergeben

resultierenden Naturzustand vor, der geradezu paradiesisch anmutet: ›als ob es das Tal von Eden gewesen wäre‹ [S. 11]. Das ›Als ob‹ und die konjunktivische Formulierung markieren das Wunschbildhafte des Ausnahme-Augenblicks. Vollends ins Unwirkliche entrückt ihn die Nacht ›voll wundermilden Duftes, so silberglänzend und still, wie nur ein Dichter davon träumen mag‹ [S. 11]. Das nach all den Drangsalen umso intensiver erfahrene Glück der kleinen Familie ist zugleich Modell einer utopischen Menschheitsfamilie. Die den Schrecken des Erdbebens Entkommenen lagern ohne Unterschied der Stände in der freien Natur, ›als ob das allgemeine Unglück alles, was ihm entronnen war, zu *einer* Familie gemacht hätte‹ [S. 14]. Die Familie repräsentiert die einzig naturgewachsene Form von Gesellschaft, aber schon das neuerliche ›Als ob‹ läßt erkennen, daß die Übertragung auf die Gesellschaft im ganzen höchstens die Illusion eines Ausnahmezustands sein kann. Ja, wie schon der Anfang der Erzählung dem zerstörerischen Übergreifen der gesellschaftlichen Deformation auf die Familie gilt – der standesstolze Bruder stürzt die Schwester ins Unglück –, so zeigt auch das Ende die verhängnisvolle Wirkung gesellschaftlich entstellten Verhaltens in der Familie selbst. Jeronimo Rugera wird von seinem eigenen Vater erschlagen. In der aufgehetzten Masse, der niedrigsten Art uniformierter und enthumanisierter Gesellschaft, und unter dem Einfluß eines ideologischen Fanatismus, der gerade in der Masse gedeiht, pervertieren[24] sich selbst die primären menschlichen Bindungen. Vor diesem Hintergrund erhält der Schlußsatz eine eigentümliche Faszination. Daß nun an der Stelle einer naturgewachsenen Familie sich um den ›kleinen Fremdling‹ eine neue Familie bildet, die durch den gesellschaftlichen Zerstörungsprozeß hindurchgegangen ist, deutet auf die seltene Möglichkeit höherer Humanität jenseits naturhaft bestehender Bindungen.«

Jochen Schmidt: Heinrich von Kleist. Die Dramen und Erzählungen in ihrer Epoche. Darmstadt: Wissenschaftliche Buchgesellschaft, 2003. S. 193. –
© 2003 wbg, Wissenschaftliche Buchgesellschaft, Darmstadt.

5.3.2 Stefanie Marx: Sündenfall, Heilszustand und Apokalypse

In ihrer literaturwissenschaftlichen Dissertation spitzt Stefanie Marx die Befunde griffig auf eine heilsgeschichtliche, religiöse Dimension zu:

24 ins Negative verkehren

»Mit der topographischen[25] Reihung von Stadt – Natur – Stadt (und der implizierten Abfolge von gesellschaftlicher Disharmonie – Harmonie – Disharmonie) stellt das Triptychon, das als Makrostruktur der Erzählung bezeichnet wurde, eine grobe Spiegelung des selbst kleinste Erzähleinheiten strukturierenden Wechsels von Glück und Unglück dar. [...] Die Erzählung ist bemüht, diese durch eine nachdrückliche religiöse Bildersprache auf der einen sowie durch die topographische Anordnung und soziale Thematik auf der anderen Seite zugleich als Heils- und Gesellschaftsgeschichte zu akzentuieren. Dabei wird die heilsgeschichtliche Abfolge von Sündenfall, Apokalypse und Heilszustand jedoch verkehrt zur sinnlosen Reihung Sündenfall – Heilszustand – Apokalypse, die anstelle christlicher Teleologie[26] den unendlichen Prozeß einer ziellosen Dialektik[27] von Apokalypse und Heilszustand erahnen läßt. [...] Ebensowenig wie also die im Mittelteil der Erzählung dargestellte Harmonie die endgültige Rückkehr ins Paradies bedeutet, kann sie als wiedergewonnener *état naturel*[28] gewissermaßen ›das letzte Kapitel von der Geschichte der Welt‹ sein. Der Naturzustand wird aufgehoben durch das Wiederaufleben der Institutionen und den Ausbruch – in der Talidylle offensichtlich nur vorübergehend ausgesetzter – roher Gewalttätigkeit. So ist also auch die progressive Abfolge von Naturzustand, Zivilisation und neu gewonnenem Naturzustand verdreht zur Reihe: verfaßte Gesellschaft, Auflösung der Ordnungen, Restitution der Gesellschaft.«

Stefanie Marx: Beispiele des Beispiellosen. Heinrich von Kleists Erzählungen ohne Moral. Würzburg: Königshausen & Neumann, 1994. (Epistemata. Würzburger wissenschaftliche Schriften. 129.) S. 141f. – © Königshausen & Neumann, Würzburg 1994.

25 topographisch: die Beschreibung und Darstellung von Orten und Räumen betreffend
26 Lehre von der Zielgerichtetheit von Handlungen und Entwicklungen
27 Dialektik: innere Gegensätzlichkeit (These und Antithese), die zu einer Lösung (Synthese) strebt
28 Naturzustand; vgl. Kleists Aufsatz *Über das Marionettentheater* (H. v. K., *Der Zweikampf, Die heilige Cäcilie, Sämtliche Anekdoten, Über das Marionettentheater und andere Prosa*, Stuttgart 2002 [u. ö.], S. 87)

5.3.3 Gerhard Gönner: Die »gebrechliche Einrichtung der Welt«

Das triadische Modell kann an die erzählerische Funktion des Erdbebens und somit wiederum an die geistesgeschichtliche Debatte um die Theodizee zurückgebunden werden. Der Literaturwissenschaftler Gerhard Gönner (*Von »zerspaltenen Herzen« und der »gebrechlichen Einrichtung der Welt«. Versuch einer Phänomenologie der Gewalt bei Kleist*, Stuttgart 1989, S. 88 f., 97 f.) kennzeichnet die Naturkatastrophe als eine von außen in die Geschichte einbrechende Macht, deren zerstörerische Folgen dazu geeignet sein könnten, mit »den Formen gesellschaftlich verankerter Gewalt endgültig aufzuräumen« und die »Möglichkeit eines zivilisatorischen und humanen Neubeginns anzuzeigen«. Nach der schockhaften Erfahrung des Erdbebens erscheine die idyllische Landschaft als ein Garten Eden – jedoch lediglich als ein »Wunschbild« des Bewusstseins, das letztlich »nicht aus der Geschichte, weder aus dessen eigener noch der der Gesellschaft« herausversetzt werden kann. »Der ›Gerichtstag‹ wird deshalb wiederkehren in anderer Gestalt.«

Auf den ersten Blick greife das Erdbeben als göttliche Gewalt ein: Die »menschliche Strafjustiz, welche das Glück und die Liebe verfolgt«, werde vermeintlich bestraft, die Liebenden gerettet. »Die Naturkatastrophe wäre so eine höhere Antwort auf eine sittliche Verfehlung; die Theodizee-Konzepte des 17. und 18. Jahrhunderts würden auf diese Weise poetisch in ein Bild gekleidet, in dem die arkadische[29] Szenerie nach der Rettung des Paares und seines Kindes den Gedanken der ›besten aller möglichen Welten‹ auf ein ursprüngliches Naturleben im Sinne Rousseaus projizierte.«

Der Ausgang der Erzählung lasse diese Interpretation jedoch nicht zu; »kirchliche und gesellschaftliche Gewalt vollenden ihr Werk«, die Liebenden werden »niedergemetzelt«. Das Naturereignis verliere dadurch jeden sinnhaften Charakter und wirke als ein vernunftloser, unkontrollierbarer Vorgang, als blinde Gewalt von außen, »die einen menschlich-bürgerlichen Gewaltakt zunächst unterbindet, um diesen dann [...] in ein noch bestialischeres Geschehen hineinzutreiben«. In dieser Willkür von Gewalt offenbare sich »das Ende der Hoffnung und der Beginn des Terrors«.

---

[29] idyllische, malerische

6. Literaturhinweise

Zu Heinrich von Kleist

Kompaktwissen. Heinrich von Kleist. Von Sabine Doering. Durchges. und bibliogr. aktual. Ausg. Stuttgart 2009. (Reclams Universal-Bibliothek. 15209.)

Müller-Salget, Klaus: Heinrich von Kleist. 2., durchges. und überarb. Aufl. Stuttgart 2011. (Reclams Universal-Bibliothek. 17635.)

Schede, Hans-Georg: Heinrich von Kleist. Reinbek b. Hamburg 2008. (rowohlts monographien.)

Zu *Das Erdbeben in Chili*

Erläuterungen und Dokumente. Heinrich von Kleist: Das Erdbeben in Chili. Von Hedwig Appelt und Dirk Grathoff. Stuttgart 1986 [u. ö.]. (Reclams Universal-Bibliothek. 8175.)

Gönner, Gerhard: Von »zerspaltenen Herzen« und der »gebrechlichen Einrichtung der Welt«. Versuch einer Phänomenologie der Gewalt bei Kleist. Stuttgart 1989.

Lektüreschlüssel. Heinrich von Kleist: Das Erdbeben in Chili. Von Susanne Gröble. Stuttgart 2004 [u. ö.]. (Reclams Universal-Bibliothek. 15322.)

Marx, Stefanie: Beispiele des Beispiellosen. Heinrich von Kleists Erzählungen ohne Moral. Würzburg 1994.

Oellers, Norbert: Heinrich von Kleist. Das Erdbeben in Chili. In: Interpretationen. Kleists Erzählungen. Hrsg. von Walter Hinderer. Stuttgart 1998 [u. ö.] (Reclams Universal-Bibliothek. 17505.) S. 85–110.

Schmidt, Jochen: Heinrich von Kleist. Die Dramen und Erzählungen in ihrer Epoche. Darmstadt 2003. S. 183–197 [zum *Erdbeben in Chili*].

Schmidt, Ricarda / Allan, Seán / Howe, Steve: Einleitung: Kleist und die Frage der Gewalt. In: Heinrich von Kleist. Konstruktive und destruktive Funktionen von Gewalt. Hrsg. von R. Sch., S. A. und St. H. Würzburg 2012. S. 9–42.

Inhalt

Das Erdbeben in Chili 5

Anhang

1. Zur Textgestalt 25
2. Anmerkungen 26
3. Leben und Zeit 29
4. Erdbeben als Ereignis 35
   - 4.1 Erdbeben heute: Japan 2011 35
   - 4.2 Geistesgeschichtlicher Hintergrund: Das Erdbeben von Lissabon, 1755 37
   - 4.3 Das Erdbeben in Chile von 1647 43
   - 4.4 Das Erdbeben als mediales und literarisches Spektakel 47
5. Gewalt und Idylle in Kleists *Erdbeben in Chili* 52
   - 5.1 Verbot und Reinigung 52
   - 5.2 Kleist, Erzähler der Gewalt 53
   - 5.3 Interpretationsansätze zum triadischen Geschichtsmodell 56
6. Literaturhinweise 61

Fragen zum Text?

Reclams Lektüreschlüssel
sind die bewährten Helfer bei der Vorbereitung auf Unterrichtsstunden, Referate, Klausuren und Abitur.

- ■ Übersichtliche Inhaltsangaben
- ■ Zuverlässige Interpretationen
- ■ Klare Analysen: Personen, Aufbau, Sprache und Stil
- ■ Informationen zu Autor und historischem Kontext

Für Eilige: auch als ebook

Über 140 Titel zu deutschen, englischen und französischen Schullektüren lieferbar!

www.reclam.de

Reclam

Reclam Kompaktwissen **XL**

Die perfekte Vorbereitung auf das Abitur!

Yomb May:
Abiturwissen Deutsch

Alles, was man wissen muss:

- Sprache und Kommunikation
- Literarische Gattungen
- Deutsche Literaturgeschichte
- Rhetorik und Stilistik
- Filmanalyse

+ Wiederholungskurs Grammatik und Rechtschreibung

Reclam   www.reclam.de